Books Bear
布克熊童书

会 讲 故 事 的 童 书

孩子玩不腻的创意游戏

[英]劳拉·贝克尔 著
[英]特加达·伯克霍尔特 绘
谢 沐 译

北京体育大学出版社

责任编辑：刘万年
责任校对：殷　亮

图书在版编目（CIP）数据

孩子玩不腻的创意游戏 / (英) 劳拉 · 贝克尔著 ; (英) 特加达 · 伯克霍尔特绘 ; 谢沐译 . -- 北京 : 北京体育大学出版社 , 2023.9

书名原文 : Inspiration is in here

ISBN 978-7-5644-3879-1

Ⅰ . ①孩… Ⅱ . ①劳… ②特… ③谢… Ⅲ . ①智力游戏—儿童读物 Ⅳ . ① G898.2

中国国家版本馆 CIP 数据核字 (2023) 第 163948 号

北京市版权局著作权合同登记号：01-2023-3149

孩子玩不腻的创意游戏

HAIZI WANBUNI DE CHUANGYI YOUXI

［英］劳拉 · 贝克尔　著
［英］特加达 · 伯克霍尔特　绘
谢　沐　译

出版发行：北京体育大学出版社
地　　址：北京市海淀区农大南路 1 号院 2 号楼 2 层办公 B-212
邮　　编：100084
网　　址：http://cbs.bsu.edu.cn
发 行 部：010-62989320
邮 购 部：北京体育大学出版社读者服务部 010-62989432
印　　刷：天津旭非印刷有限公司
开　　本：710mm × 1000mm　1/16
成品尺寸：170mm × 230mm
印　　张：6.5
字　　数：62 千字
版　　次：2023 年 9 月第 1 版
印　　次：2023 年 9 月第 1 次印刷
定　　价：58.00 元

目录

你在寻找创意灵感吗？ 1
梳理你对自己的期望 4
涂鸦大挑战 6
怎样画出可爱的小动物？ 7
创作一个超级英雄故事 8
仰望星空 10
做个泡澡球 12
制作个性化记事本 14
“Hygge”一下 16
写首俳（pái）句 18
写首藏头诗 19
制作家谱树 20
你像哪种动物？ 22
制作灵感罐 24
学习钩针编织 26
布置小窝 28
指印涂鸦 30
花语 32
写本秘密日记 34
书信艺术 36
洞洞贺卡 37
头脑训练游戏 38
接受采访 40
你的性格是外向型还是内向型？ 42
用身边的物品印画 44
学习烹饪 46
梦境日记 50
数字游戏 52
创建完美歌单 54

你的理想假期是什么样的？ 56

种植香草花园 58

英文书法的艺术 60

折纸艺术 62

滴画 64

盐画 65

练习瑜伽 66

涂色解压 68

设计玻璃盆景 70

单词游戏 72

办一场聚会 74

设计一个寻宝游戏 76

制作时间胶囊 78

学习莫尔斯电码 80

素描技巧 82

灵感发明 84

你会成为什么样的人？ 85

展望未来 86

获得灵感！ 88

参考答案 98

你在寻找创意灵感吗？

如果你在寻找生活中的创意小灵感，那么，恭喜你来对地方了！

什么是创意灵感？

创意灵感就是具有创造性的想法，它会在安静的时刻悄然降临，或是如耀眼的光芒般突然涌入你的大脑。创意灵感可能来自他人，或者出自你的内心。

在哪里可以找到灵感？

- 在你勇于挑战并取得成功的过往经历中。
- 在向他人学习的过程中。
- 故事里。
- 就在这本书里。
- 在近距离观察大自然的过程中。
- 在你崇拜之人所做的事中。
- 在呼吸和聆听的过程中。
- 艺术中。

灵感比你想象的更易得。

这本书里有什么？

这本书能激发你富有创意的想法，让你敢于追逐梦想、设立目标，帮助你学习新技能等等。你可以直接翻到感兴趣的页码，也可以从头到尾一页一页地阅读。跟随你的内心，灵感就在不远处！

给我带来灵感的事情

....

....

....

....

....

....

....

....

....

....

....

....

....

....

....

....

灵感对你来说意味着什么？

给我带来灵感的人

....

....

....

....

....

....

....

....

有灵感时，我的感受是

....

....

....

....

....

....

....

....

梳理你对自己的期望

在这里写下你的期望、目标和梦想！

今年，我希望：

1 ____________________
2 ____________________
3 ____________________

5年后，我就______岁啦。我希望：

1 ____________________
2 ____________________
3 ____________________

我的梦想是：

1 ____________________
2 ____________________
3 ____________________

有时候，我担心：

1 ____________________
2 ____________________
3 ____________________

这里有灵感！

将你遇到的困难记录下来，这有助于你认清现状，克服困难，并一步步走向成功。

切合实际

你的目标应该是可实现的，要有明确的结果和完成的时间。

今年，我计划在学校里能______________________，我希望________（日期）前完成这个目标。

为了完成我的目标，我可以：______

____

____

____

____

____

____

____

____

今年，我计划在家里能______________________，我希望________（日期）前完成这个目标。

为了完成我的目标，我可以：______

____

____

____

____

____

____

____

____

涂鸦大挑战

用这些好玩的涂鸦游戏，来开启你的创意灵感。

下面这个形状，让你联想到了什么？

这个呢？

挑战继续

在下面的图形上涂涂画画，让它们变得更有趣！

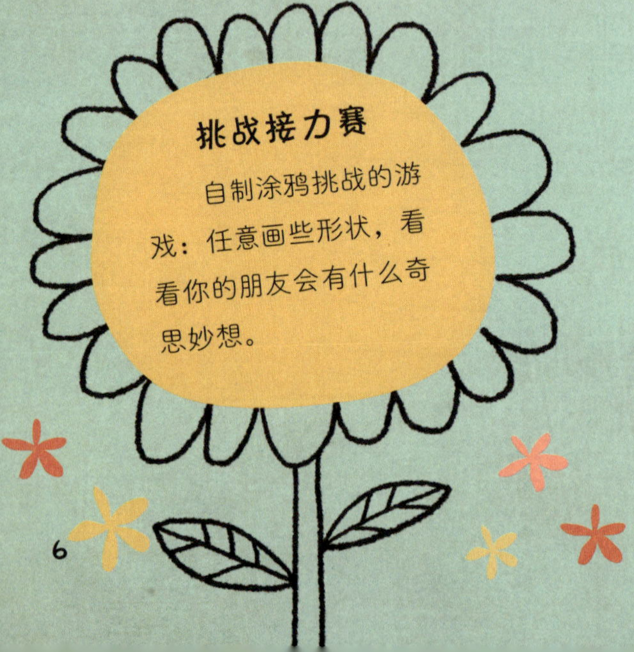

挑战接力赛

自制涂鸦挑战的游戏：任意画些形状，看看你的朋友会有什么奇思妙想。

怎样画出可爱的小动物？

画一只独角兽

1

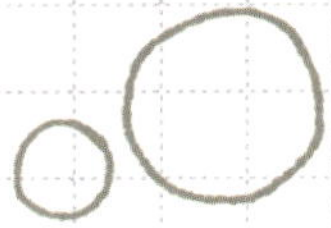

用铅笔画一个小圆，再在旁边画一个大圆。

2

按照图中的样子，将两个圆连起来。画上鼻孔、鼻子、眼睛和耳朵。

3

如图所示，用弯弯的线条画出鬃毛。

4

画上一只角，并在鬃毛和耳朵上添加更多的细节。

5

在脑袋下面，画一条L形的线，一直画到鬃毛底部，作为独角兽的脖子。

6

擦去里面的铅笔印，再给它涂上颜色，让你的独角兽更有神秘感！

画一只树懒

1

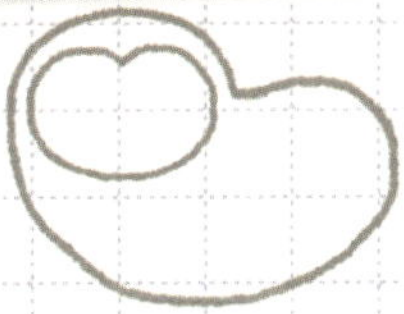

用铅笔画一个心形，下面要画圆一点儿，再围绕这个心形，画一个蚕豆形。

2

画上大大的眼睛、三角形的鼻子和微笑的嘴巴。

3

在树懒身体的一侧画上弯弯的胳膊和腿，让它们伸向上面。

4

画上腹部线条，并在胳膊和腿上加上长而尖的爪子。擦去里面的铅笔印。

5

在身体上画一些细小的线条，作为树懒的毛，再画一根树枝，让树懒抓住它。

6

在树懒身体的另一侧，画一只伸向上面的胳膊和一条腿。擦去里面的铅笔印，并给这只可爱的小树懒涂上颜色吧。

创作一个超级英雄故事

按照步骤，创作一个激动人心的超级英雄故事吧，故事情节要尽量曲折，还要有冒险的环节。

故事结构

每个故事都需要有开头、结尾和中间的情节。

第1幕

离开平凡的生活

★ 描述你故事里的主人公生活的地方，以及他平时是什么样子的。他是害羞内向，还是开朗外向？

★ 之后，冒险在召唤他！这场冒险的开始，可能是地震一样的大灾难，也可能是一通看似平平无奇的电话。但不管怎样，它打破了主人公在平凡世界里的舒适生活，让他迎接挑战。

英雄可能会和一些人对话，从他们那里得到礼物或建议，这会在日后帮到他。

第2幕

来到未知世界

一路上，主人公会遇到帮助他的朋友和阻碍他的敌人。

★ 主人公开始探险，迎接一系列的挑战。反派也许会在他出现时，丢给他各种难题。这些难题也许是邪恶的机器人，也许是一艘沉船。

★ 最后，主人公要面对他最大的挑战——通常是超级英雄故事里的大反派。主人公一旦挑战失败，就会失去一切。

★ 主人公最终打败敌人，变得比以前更加强大。

第3幕

英雄回归

- 主人公找到回家的路，途中也许会遇到一些小挑战。
- 他最终战胜困难，继续幸福地生活。

构建世界

思考你的故事所在的世界。那个世界是什么样的？你会看到什么、听到什么？你能闻到什么样的气味？确保在你的故事中有相关的描述。

词语魔法

语言是强有力的工具，它能使你的故事充满感染力。试着用下面这些词语来描写你故事里的超级英雄。

强有力的　惊人的　责任　秘密身份

勇气　正义

扭转乾坤　英雄

坚强

战无不胜　不可思议的

仰望星空

抬头看，你会发现天空中充满故事与奇迹。

星空的故事

几千年前，人们在观测星空时发现某些星星可以组成一定的图案。古希腊的观星师用希腊神话里的英雄人物、动物等为它们命名，称之为星座。当时他们观察到的星座有48个。

今天，被科学家确定的现代国际通用的星座为88个。

完美的观星之夜，你需要

- ★ 一件暖和的外套（如果天气很冷的话）
- ★ 一条可以躺在上面的毯子
- ★ 一个可以陪你的朋友或家长
- ★ 一片万里无云的晴朗天空
- ★ 一座远离城市灯光的花园

流星雨

流星是太空中的碎片受到地球引力的吸引，在高速穿过地球大气层时，摩擦燃烧后所产生的光迹。当许许多多的流星同时划过夜空时，就形成了流星雨。请家长帮助留意流星雨的出现时间，可以到时候观看。

会因一年中时间的不同，以及南北半球位置的不同，而呈现出不同的景象。

这里有灵感！

宇宙中星星的数量，比地球上所有海滩的沙粒数量总和还要多。

成为天文学家

观察星空时，记得带一个本子。把你看到的星星图案画下来，再给它们取个名字吧。

做个泡澡球

按照下列步骤，做个有趣的洗澡玩具吧。让泡澡球吱吱作响的声音，带走你的烦恼。

注意
碰过柠檬酸后，一定要记得洗手。

你需要

- ★ 200克小苏打
- ★ 100克柠檬酸
- ★ 50克玉米淀粉
- ★ 2勺热椰子油
- ★ 2个碗
- ★ 液体食用色素（选择你喜欢的颜色）
- ★ 水
- ★ 泡澡球模具（见下页）

提示
可以让家长帮忙在购物网站或药店里购买柠檬酸。

1

将适量的小苏打、柠檬酸和玉米淀粉倒入一个大碗里，不停地搅拌，直到将它们混合均匀。

2

另拿一个碗，在里面加入椰子油和几滴液体食用色素。

3

将混合后的液体倒入干粉中。一次只倒一点儿，每次倒完都要搅拌均匀。全部倒完后，再加入几滴水，快速搅拌，让混合物达到湿沙状，能够紧握不散。注意不要加过量的水。

4

将混合物装入泡澡球模具里，压实，然后放在阴凉干燥的地方晾一晚上。

这里有灵感！

在一些厨具商店、烘焙用品店、手工材料店或线上购物平台上就能买到泡澡球模具。也可以在家里找找看，如蛋糕纸盒、洗干净的酸奶瓶或硅胶制冰盒都可以拿来当模具用。

5

慢慢地从模具里取出泡澡球，然后把泡澡球扔到澡盆里，享受这美好的放松时刻吧！

泡澡球仅供玩乐使用，千万不能吃掉它们哟！

吱吱冒泡的声音

泡澡球里的小苏打和柠檬酸在遇水后会发生化学反应，发出吱吱冒泡的声音。

制作个性化记事本

个性化记事本能帮你从忙乱中理出头绪，获得内心的平静。

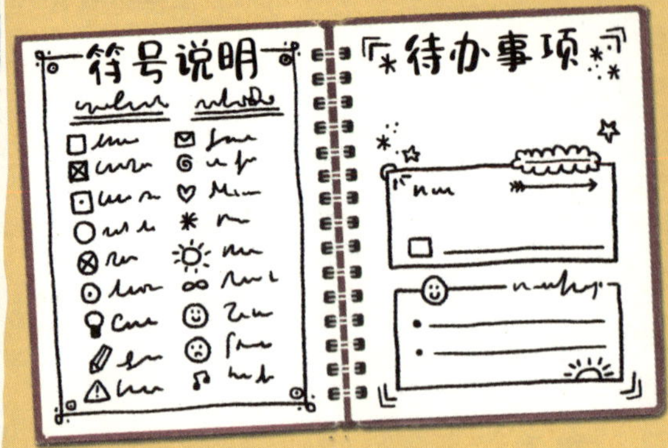

什么是个性化记事本？

它将备忘录与日记结合了起来。这里除了可以记录待办事项，还可以记录你的所思所想。更为重要的是，它是为你量身定做的。

也许你会喜欢封面漂亮的笔记本，或者你也可以自己动手，把它装扮成心仪的样子。

1

找个笔记本

找到一个空白的笔记本。内页可以是带横线的，也可以是白页——这取决于你。

2

指代符号

制定一套适合你的指代符号体系，把它写在记事本的第一页上。

+×+×+×+× 符号说明 ×+×+×+×+

□ 待办事项　💡 想法

✓ 已完成　◎ 灵感语录

○ 事件　✳ 优先处理事项

在这里涂鸦，记录每天的天气，也可以写下当天发生的重要事情。

3 设置模块

在左页，给一周中的每一天分别画一个方框，标记日期。在右页画几个方框，记录一周中难忘或好玩的事情，比如你读过的书、看过的电影、制定的目标或者让你开心的时刻。

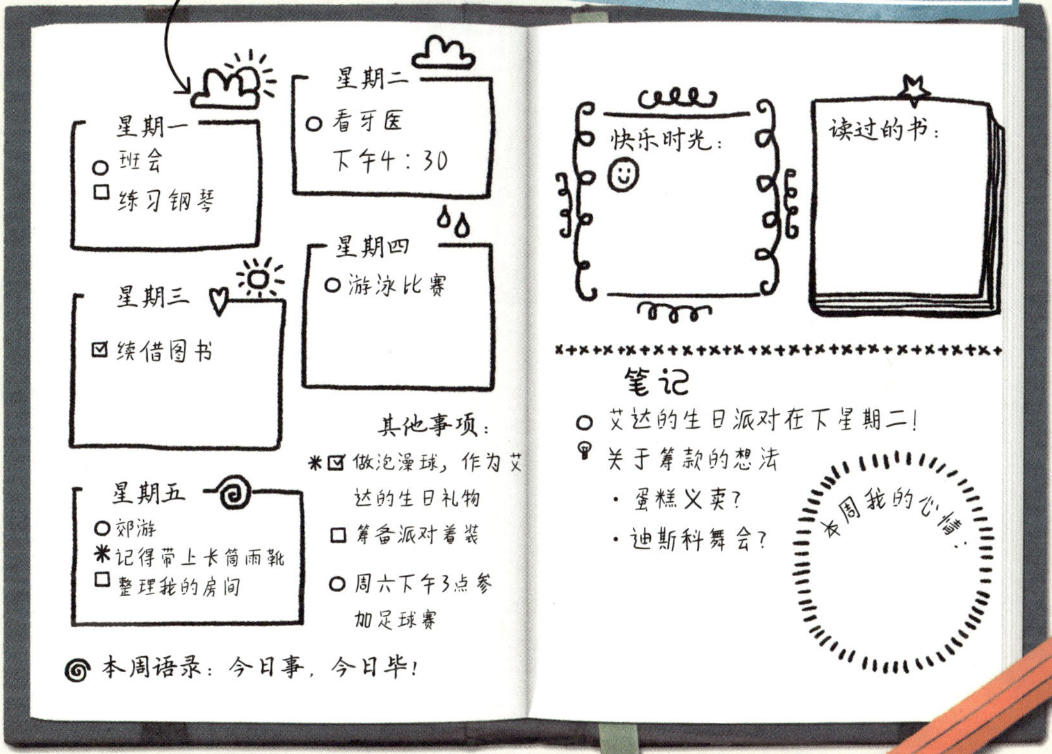

4 开始记录吧

之后，在一周中，陆续把这两页填满。每天写下任务、事件和计划，再把想法、回忆和精彩瞬间记录在右页的方框里。就这样一周接着一周，往下记录。

也许你还可以留一张空白页，用作每月的计划和反思，再留一张空白页来展望新的一年。

做自己

无论你喜欢绘画，还是喜欢写字，你都可以把笔记本装饰成自己喜欢的风格，在上面自由涂鸦，再配上天马行空的文字，或是记录下每件细微的事。总之，跟随自己的内心，记录你想记录的。

“Hygge” 一下

“Hygge”一词源于丹麦，意思是带来幸福美满、舒适惬意的感觉。

舒适惬意的感觉

舒适惬意是丹麦人的一种生活方式。人们相互微笑、点头致意，心生满足感。丹麦人被认为是世界上幸福感最强的人。我们怎样才能体会那种幸福感呢？

你还可以怎么做，来寻求内心的快乐与平和？

与朋友聊天

锻炼

与宠物共度一段时光

这里有灵感！

2016年，“Hygge”一词风靡英国，甚至入围牛津词典年度热词。

帮助他人

练习瑜伽

观察细微的小事

写首俳（pái）句

挑战自我，用诗歌记录大自然转瞬即逝的刹那。

什么是俳句？

俳句是日本古典诗歌的一种，由中国古诗中的绝句发展而来。俳句每行包含一定数量的字音，用来描述自然景色和季节。

格式

俳句一般由三句组成，第一句有五个音，第二句有七个音，第三句有五个音。

来看看这些短诗吧

①②③④⑤
幽静古池旁，
①②③④⑤⑥⑦
青蛙入水扑通响，
①②③④⑤
古池静如常。

——［日］松尾芭蕉

云如棉花飘。
充满阳光与欢笑——
夏季多美妙。

全诗倒数第二行的末尾处，通常会有一个停顿。

词语世界

一首俳句只有很少的几个词语，所以在选用词语时，要仔细推敲。确保这些词语能表达你当下的感受或者能准确描述季节的特点。

闪闪发光　日落　清脆悦耳　温暖　月光　树叶沙沙响　阳光　平静　繁星满天　微风　积雪厚如毯　绽放

写首藏头诗

藏头诗的独特之处，在于它既可以竖着读，也可以横着读。

什么是藏头诗？

藏头诗有多种形式，最常见的一种是将每句诗的第一个字连起来读，可以传达一种主题思想。

明代才子徐渭游西湖时，写下了以“平湖秋月”为主题词的藏头诗：

平湖一色万顷秋，
湖光渺渺水长流。
秋月圆圆世间少，
月好四时最宜秋。

怎样写一首藏头诗？

选一个主题词，把它写在纸上。然后分别用主题词中的每一个字为开头，写出每行的句子。来完成下面这首以“我爱家乡”为主题的藏头诗吧。

我
爱
家
乡

唐代诗人柳宗元的诗歌《江雪》，是以“千万孤独”为主题词的藏头诗：

千山鸟飞绝，
万径人踪灭。
孤舟蓑笠翁，
独钓寒江雪。

注意
每行可以是5个字，也可以是7个字。

尽情创作吧！

自己创作一首藏头诗，可以描写一种美景，还可以写下自己的心情，试着写写吧！

制作家谱树

深入探索你的过去，发现你家族背后的故事，把它填进家谱树里吧。

什么是家谱学？

家谱学是研究家庭及其历史渊源的学科，可以追溯到家庭里的好几代人。这门学科包括人们是怎样联结在一起的，家庭是怎么组成的，以及家人的祖辈们过去都做过些什么。通过家谱，可以看到一个家族中，人与人之间所产生的关联。

深入发掘

你可能没办法立刻将所有家族成员的名字和出生日期都填进家谱里，试试下面这些方法，帮助你追根溯源。

- 和你的亲戚交流。通常他们可以帮你填补很多空白。
- 翻阅旧剪报、出生证明、信件和相册，以寻找姓名、出生日期和其中的关联。
- 到国家档案馆查阅信息。
- 在家谱网站上搜索。

在每个空白叶片中填写姓名和出生日期。

收集故事

和家人聊天时，请他们给你讲讲他们记忆中有关父母、祖父母、姨婶、叔伯、姑舅、堂表兄弟姐妹等人的故事。把这些特殊的记忆写进家族历史记录本中，留给子孙后代们翻阅。

这里有灵感！

历史上记载得最长、最完整的家谱，是中国古代哲学家孔子的家谱。孔子的家谱延续了2500多年，传了80多代人，记载了200余万子孙。

你像哪种动物？

回答下面的问题，看看你像哪种动物。

警告
可能导致
自我发现！

通过测试你的兴趣爱好、日常行为、心理状态等，发现你的性格特点，看看你和哪种动物最像。

1 在派对上，我（　　）

A.在房间里走个不停，与每个人交谈

B.跟朋友一起开怀大笑

C.给害羞的朋友一个拥抱

D.在角落里观察每一个人

2 我的度假必备品是（　　）

A.我最爱的太阳镜

B.我的泰迪熊

C.一本杂志

D.一张地图

3 以下我最喜欢的是（　　）

A.空气

B.水

C.土壤

D.火

4 我梦想的职业是（　　）

A.我还不知道呢！但我会努力找到它

B.艺术家

C.老师

D.总理

5 周末，我喜欢（　　）

A.尝试新的事物

B.忙于做作业

C.和朋友出去玩

D.去图书馆

❻ 我要转学了，我感到（　　）

A.兴奋！我迫不及待地想要结交新朋友

B.满怀希望，我会在这种变化中找到乐趣

C.紧张，但我会克服的

D.还不错，我要专注于自己的事情，我没问题的

❼ 对我来说，朋友最重要的特质是（　　）

A.可以和我一起笑

B.可以和我融洽相处

C.需要我的帮助

D.给我带来挑战

选A多的人

你的精神动物是

蝴蝶

一只自由飞翔、招人喜爱的蝴蝶！你活得轻松快乐。你不惧怕变化，并视它为成长与新生的机会。你的经历和蜕变将会把优雅注入你的灵魂。

选B多的人

你的精神动物是

海豚

也许你外表看起来温柔，但内心非常强大。你追求和平与和谐，并在智慧与直觉之间找到了平衡。你跟所有人都是朋友。你顽皮、快乐的心态，会让你走得更为长远。

选C多的人

你的精神动物是

熊

强壮、自信、勇敢，你是天生的领导者。你喜欢独处，但总会在第一时间向别人伸出援手。你会用自己的力量来保护和指引你的朋友。

选D多的人

你的精神动物是

狼

你像狼一样敏锐、智慧。你有着让人难以置信的直觉，并大胆地去遵循。有时，你也许会遭遇信任危机，这让你感到恐慌，但请跟随你的直觉，勇敢做自己。

制作灵感罐

让这个罐子来激发你的灵感，在需要的时候，你可以把手伸进去。

你需要

- ★ 一个大玻璃罐子
- ★ 彩纸
- ★ 剪刀
- ★ 笔
- ★ 胶棒
- ★ 绳子、丝带或其他装饰物

1

仔细地清洗罐子，并把它晾干。

2

装饰罐子。也许你想在罐子上粘一些彩纸剪成的星星，贴上漂亮的标签，或者在罐口周围系上绳子或丝带。

3

在彩纸上写下启发灵感的话。把每段话分别剪下来，装进罐子里，最后盖上盖子。

4

任何时候，只要你需要灵感了，就可以把手伸进罐子里，把字条拿出来看一看!

提示

抄写下页这些激励人心的句子，你也可以在受到启发后，自己写一写!

不是我多聪明，只是我思考问题的时间更久。
——爱因斯坦

失败是成功之母。

树立远大的理想。

你是独一无二的。

相信自己能做到，你就已经成功了一半。
——西奥多·罗斯福

永不言弃。

只管呼吸。

今天，用微笑面对每个人，因为你永远不知道谁会需要它。

善良第一。

梦想远大

除了激励人心的话语，你的罐子里还可以放入其他东西。尝试以下建议，或者你也可以自己做一些。

信心罐

把你成功的事情记下来（无论是大事还是小事），在你信心不足时提醒自己，你有多强大。

微笑罐

罐子里放入能让你发笑的纸条和图片。每当你心情不佳的时候，从罐子里拿出一张看看吧。

期望与梦想

记录下你对未来的期望和对自己、家人、朋友的愿景。每隔一段时间从罐子里取出一张纸条。这会提醒你记住对未来的期望，推动你向着梦想不断前进。

学习钩针编织

学做这种精巧的手艺活，可以培养你的耐心和创造力。

手艺工具

钩针

钩针有不同的型号，选一个大小适合的，太小或太大的都不好操作。

毛线

开始学的时候，可以挑选粗毛线，这样比较容易看到自己的动作。

什么是钩针编织？

钩针编织就是用一种带钩子的针，通过各种针法将毛线编织成带有漂亮纹理图案的针织品的手艺。

滑结

1

将毛线绕过左手食指，并用左手拇指和中指捏住毛线。食指前面的这段毛线预留15厘米左右的长度。

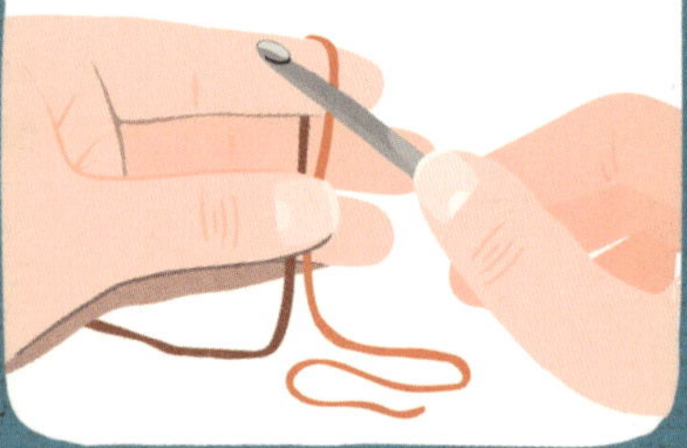

2

右手像握铅笔一样握住钩针，针头朝上。将钩针从毛线和食指间穿过去。用钩针钩起毛线，旋转一整圈，毛线也跟着绕出一个环。

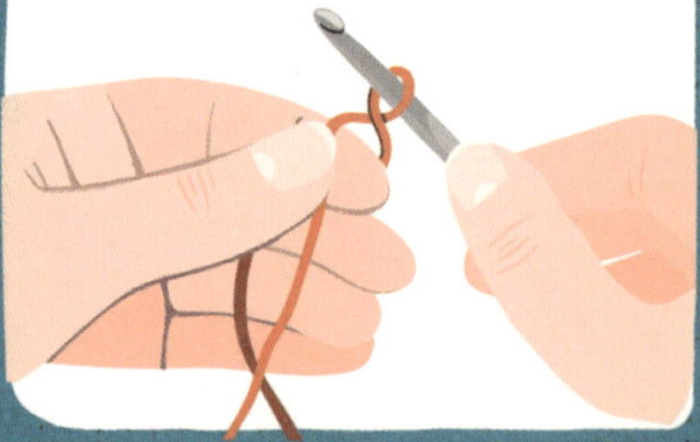

3

左手拇指和中指捏住毛线的一头，然后用食指将毛线的另一头从打结的地方拉开。如图所示，食指钩住毛线，将毛线挂在钩子上。

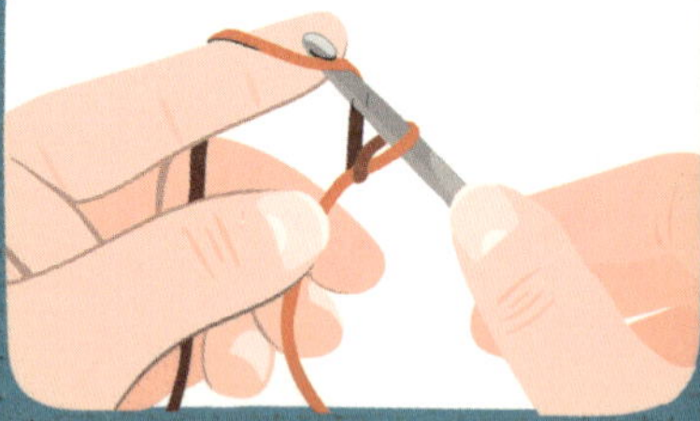

4

用钩针拉住毛线，穿过你之前钩出的环。

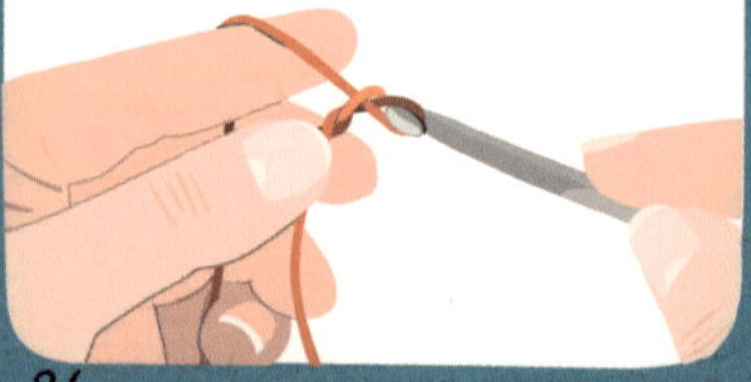

5

轻拉毛线两端，将滑结系紧。确保钩针仍然可以在毛线间灵活移动。

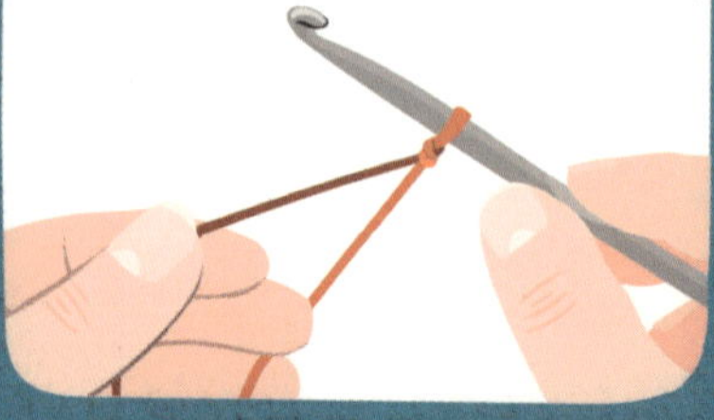

6

现在，你已经在钩针上打了一个结，可以继续钩下去啦！

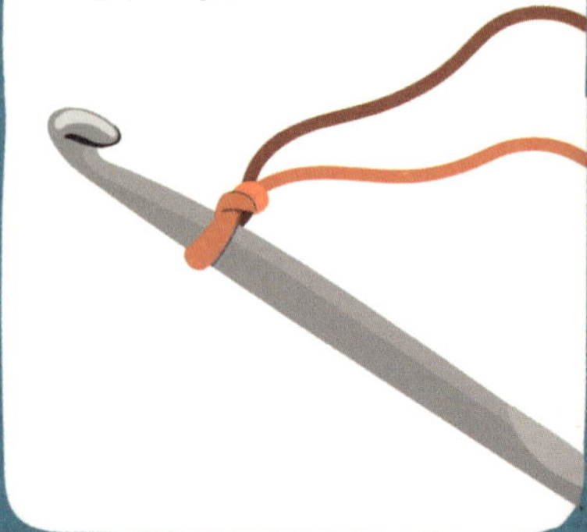

锁针编织

左手拇指和食指要一直捏紧环的底部。轻轻地往下拉，给钩针腾出一些空间。

1

先编织一个滑结。

2

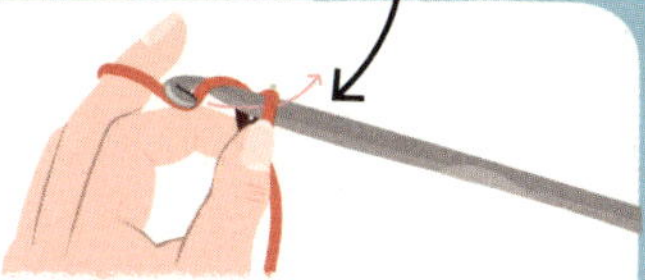

左手中指将毛线长的那头从后面绕到前面，用钩针钩住。

3

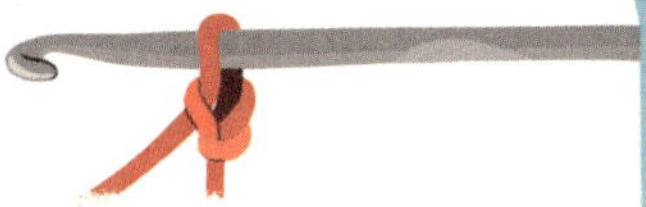

用钩针将毛线拉过滑结的环，让它留在钩针上。这是你的第一针锁针。

4

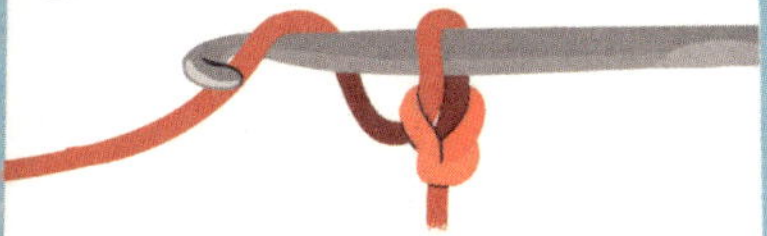

再来一次，将毛线长的那头再次从后面绕到前面，用钩针钩住。

5

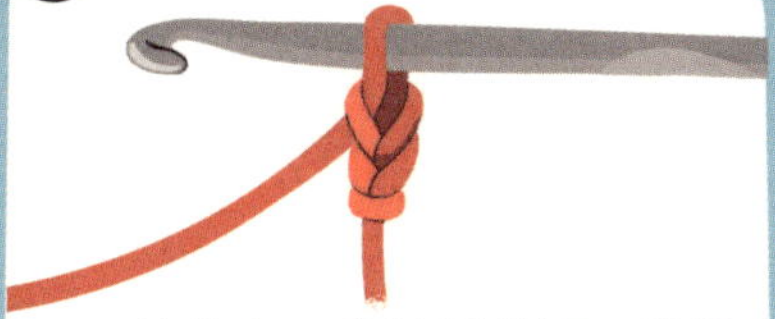

拉着它，穿过新的环。这是你的第二针锁针。

6

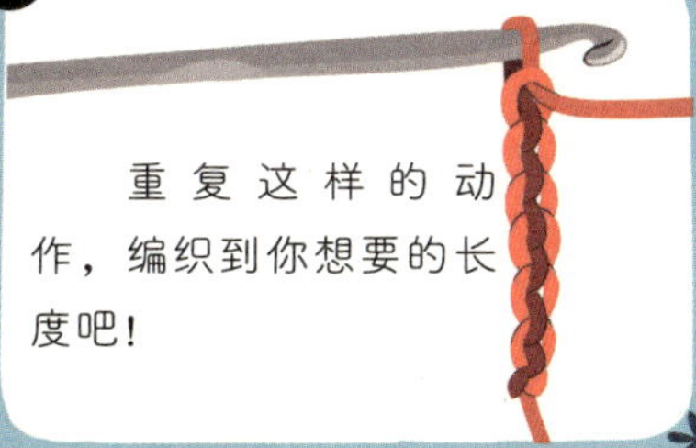

重复这样的动作，编织到你想要的长度吧！

长针编织

这种技巧常用来编织图案。学会它，你在编织时会有更多种选择！

用长针编一条围巾或一块抹布。

开始的时候，钩子正面朝上；你把它转到下面，带着毛线穿过圆环；然后再让钩子朝上，就能看到一个新的圆环出现了。

1

按照上面的方法先钩出锁针编织。

2

这个锁针编织是由一个又一个V字形线结组成的。从靠近钩针那边开始，数到第3个V字形线结。如图所示，将钩针穿过第3个V字形线结的左半部分。

3

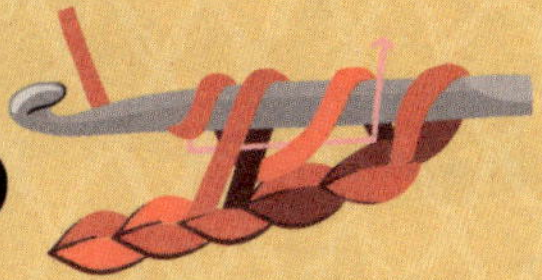

像之前那样，将毛线长的那头再次从后面绕到前面，用钩针钩住。只拉住这一根毛线，穿过V字形线结，然后将钩针朝上穿去。现在，你的钩针上应该有两个环了。

4

再来一次，将毛线长的那头再次从后面绕到前面，用钩针钩住。拉住这根毛线，穿过两个环，这样一来，你的钩针上就只剩一个环了，下面还有两个环。这是你的第一个长针编织。

5

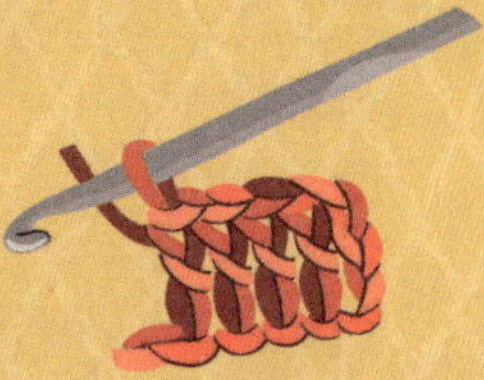

重复步骤2到4，编织下一个V字形线结，不断重复，直到编织完所有的V字形线结。然后按照锁针编织的方法，开始编织一行新的V字形线结。

布置小窝

打造一个舒适、隐蔽的室内空间，你可以在其中读书、写字、画画或者和朋友一起放松一下。

绝佳地点

你会在哪里建造自己的室内小窝？你可以在客厅或卧室找个干净的地方，也可以找个舒适、安静的角落，比如窗户或者大衣柜旁边。

纸箱的妙用

试着用大纸箱和彩色胶带打造小窝，并用毡头笔和颜料进行装饰。

在你的小窝周围，放几把朝外的椅子。

将床单和毯子盖在椅子上，形成顶棚，用晾衣夹把它们固定住。

在小窝外面悬挂彩灯，挂的时候要注意安全，给你的小窝营造出一种梦幻的气氛。

警告

千万不要在小窝里点蜡烛。如果你想让小窝看上去充满梦幻色彩，可以尝试使用带电池的蜡烛灯。

在小窝里放上书本、纸张、钢笔、铅笔等，以便灵感来临时可以随时写下来。

想个主题

你可以选一个主题，把小窝装饰成相应的风格。你喜欢旅行吗？在小窝里贴满世界各地的风景图片吧！你喜欢读书吗？往你的小窝里塞满书吧。

指印涂鸦

用可爱、疯狂和充满创意的涂鸦，
把你的指印变得栩栩如生吧。

你需要

★ 可水洗的印泥或颜料
★ 毡头笔
★ 纸张或卡片

注意

如果你要用颜料的话，少倒一些在颜料盘上。

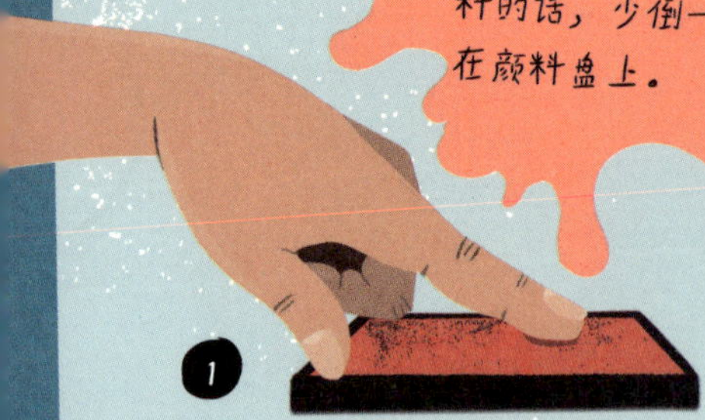

1 将手指按在印泥或颜料上。

2 再用手指在纸或卡片上按个印迹。等印迹干了，把手上的印泥或颜料擦洗干净。

3 现在你可以涂鸦去喽！

指印全家福

用拇指和其他手指做一些大小不等的指印涂鸦。你甚至还可以做个指印涂鸦全家福！

巧妙的组合

将指印组合在一起，做出更为复杂的形象和场景。

交给你啦！

在这些指印上画画吧。再按些你自己的指印，在上面尽情地涂鸦。

可爱还是古怪？由你来决定！

花语

一起来学习花语吧。用美丽绽放的鲜花，来做个意义非凡的纪念品。

花的语言

花有自己的语言：每一朵花都有自己的象征和意义。你可以通过选择送给别人的花，来告诉别人你的感受和想法。

勿忘草

真爱的回忆

红玫瑰

爱

雏菊

希望、纯真

粉色康乃馨

我永远忘不了你

风铃草

善良、谦虚

柳兰

忧伤

粉玫瑰

快乐

百合花

幸福、美满

注意

千万不要摘别人花园里的花。你可以去找野花，或者问问家长，能不能从自家花园里摘一朵或在花店里买一些。

压花

压花可以让花朵美丽永驻。

你需要

- ★ 现采的鲜花
- ★ 一本沉甸甸的书
- ★ 烘焙纸

1 

在一个阳光明媚的日子，收集一些干净的花，去除茎部，晾干。

2 

找一本厚重的书，翻到中间。在右页铺上一张烘焙纸。将花面朝下放在纸上。

3 

在花上再铺一张烘焙纸，然后合上书。

4 

用镊子小心翼翼地把花夹起来。

放置一周或更长的时间。确认花朵完全变干，变得像纸一样平整后，再小心地把花拿出来。

压花手机壳

用压花给自己做个梦幻手机壳吧。

你需要

- ★ 一个纯色的手机壳
- ★ 压花
- ★ 透明的指甲油或树脂

1. 找到或买一个简单、纯色的手机壳。
2. 把干花放到手机壳上。你可以用少量的胶水、透明的指甲油或树脂来固定花朵。
3. 在花朵和手机壳上涂些透明的指甲油或树脂，等它完全变干。

写本秘密日记

在笔记本里写下你的回忆、想法和感受，
这是你的私人领地，只有自己可以看。

什么是日记？

日记就是你的“私人地盘”，你可以在日记里写下和你有关的所有事情。比如，你可以记录下每天发生的事情：你见到了谁，你做了什么，以及你永远都不想忘记的高光时刻。

怎么写？

日记的好处在于它没有任何规定。这是你自己的空间，你想怎么写，就怎么写。你可以写得很工整，也可以随意涂鸦，你还可以用绘画替代文字，画出你所看到的事物，或者直接贴上贴纸、照片。一切由你决定！

在哪儿写？

找一个舒适、安静的场所，你可以在那里思考、创作。

自由写作

如果你不知道该记些什么，可以尝试自由写作，想到什么就写什么吧，不用担心接下来的事情。

让日记成为你的好朋友

记下你的问题和烦恼，这样有时能帮你解决它们。写日记，就像是在跟你的好朋友倾诉一样。

尝试一下

在这里练习写日记吧。尝试自由写作，主题可以是你的一天，看看你会写出什么来吧！

书信艺术

有人说，书信是一种将要消失的艺术，但你可以重新爱上它。

你为什么要写信？

书信是手写的，独具个人特色，意义非凡。你不是在快速地打字，而是花时间在给别人写信，这会让人觉得与众不同。

你会在什么情况下写信？

书信适用于特殊场合，也可以不需要什么特殊的理由，想写就可以写。人们在信里经常这样说：

感谢你送的礼物

抱歉

想念你

向远方的人致以问候

这里有灵感！

你可以把你的信找个地方珍藏起来，上面的日期能帮助你回忆过往。

你应该写些什么？

亲爱的敏敏：

特别感谢你送给我的生日礼物——那个漂亮的笔记本。我用它来写日记，记录每天的各种想法、感受和特别的事情。

签上你的名字。

爱你的莉莉

2023年1月12日

你要表达的信息：告诉读信的人，他们送的礼物有哪些特别之处，或是分享你当下的生活。

日期。

随心所欲

书信也可以非常精致。你可以用漂亮的信封，好用的钢笔来写信，甚至你可以用火漆印章来封信封，让你的信独具一格。

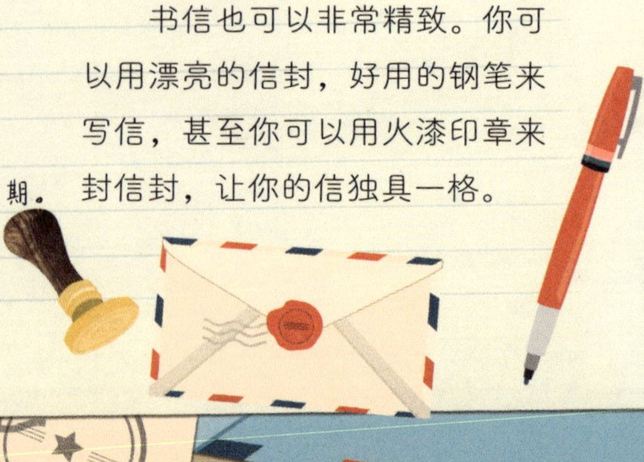

洞洞贺卡

动手做一张精巧的洞洞贺卡，送给你的朋友吧。

你需要

★ 一张A4大小的卡纸
★ 花布或碎花纸
★ 毡头笔

1

将卡纸的长边对折，沿中间折线剪开。

2

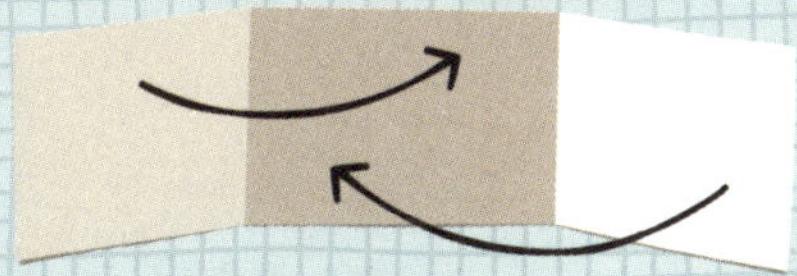

拿出其中一张卡纸，如图所示，把卡纸两侧向中间对折，完全叠在一起，形成三等份。用力按一按。

3

在家长的帮助下，小心地在左边的翻页上剪出一个花朵的形状。

4

在右边的翻页上，铺上剪裁后大小合适的花布或碎花纸，把它粘到右边的翻页上，等待晾干。你能透过左边翻页上的剪口看到它。

5

将左边的翻页盖在右边的翻页上面，再接着创作你的洞洞贺卡吧。把正面装饰得好看些，然后在里面写一些祝福的话。

这里有灵感！

你的贺卡是做什么用的？如果是生日贺卡，你可以剪个气球或蛋糕形状的洞洞；如果是圣诞贺卡，可以试着剪个圣诞树的形状！

头脑训练游戏

来玩些刺激的记忆游戏和猜谜语游戏，训练你的大脑吧。

猜谜语

猜谜语是一种智力游戏。你能解开这些谜题吗？

上不怕水，下不怕火，家家厨房，都有一个。是什么？

身体细长，兄弟成双，只爱吃菜，从不喝汤。是什么？

我年轻的时候高，年老的时候矮。我是谁？

记忆魔术

用计时器计时30秒，仔细观察下面这些图片。然后，用纸把它们盖上。

快点儿！

你能记住多少种物品？把它们写出来吧。

成语接龙

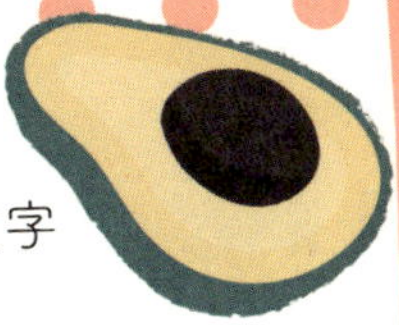

和朋友们一起来玩这个文字游戏吧。

第一个人随意说一个成语。比如，可以说……

下一个人要接着说一个成语，这个成语的第一个字，要与上个成语的最后一个字相同。比如，可以说……

就这样继续进行游戏，看看在有人想不起来之前，你们能说出多少个成语。

第二张图片多了什么？

仔细观察这张图片30秒。然后用纸把它盖上。

现在，观察下图。哪两件物品是下面这张图片里有的，而上面那张图片里没有的？

接受采访

想象一下，聚光灯正打在你身上！一名杂志记者想采访你，来做一期专题，你会说些什么呢？

在这里，画上你的头像或贴一张你的大头照。

你今天早上吃了什么？

你最喜欢哪本书？

如果让你拥有一种超能力，你会选哪种？为什么？

最让你感到兴奋的事情是什么？

你最喜欢学校里的哪门功课？

对你来说，普通的一天是什么样的？

你想去哪里参观？

你更喜欢哪一个？

圈出你的答案。

甜的还是**咸的**？

猫还是**狗**？

白天还是**晚上**？

海滩还是**高山**？

夏天还是**冬天**？

恐怖的电影还是**结局美满的电影**？

打电话还是**发短信**？

泡澡还是**淋浴**？

运动鞋还是**凉鞋**？

去电影院还是**在家看电影**？

攒钱还是**花钱**？

连帽衫还是**开衫**？

在餐馆吃还是**打包带走**？

城市还是**农村**？

打保龄球还是**溜冰**？

……

什么事情让你觉得开心？

....

....

....

....

....

....

....

....

如果你是一种食物，你希望成为哪一种？为什么呢？

....

....

....

....

....

....

....

....

....

你的性格是外向型还是内向型？

完成以下测试，找到帮你恢复状态的最佳方式吧。

心理学上这样说

内向和外向是心理学中使用的两种人格特征，用来描述人们的交际习惯、行为倾向，以及精力来源等方面。

勾选出符合你实际情况的选项：

- [ ] 我喜欢邀请全班同学来参加我的生日派对，而不是只邀请少数几个好朋友。
- [ ] 忙碌的周末后，我迫不及待地想要赶上我在学校的好朋友的学习进度。
- [ ] 别人说话的时候，我会经常打断他们，我迫不及待地想要加入讨论。
- [ ] 参加派对时，我总是站在舞池中间跳舞。
- [ ] 我梦想有一天，能成为著名的歌手或演员。
- [ ] 我能在电话里聊上几个小时。
- [ ] 我喜欢在项目小组里工作，并且随着项目的进展，分享我的观点。
- [ ] 我能适应新环境。
- [ ] 派对或活动结束时，哪怕我已经累到了极点，我还是会觉得无比兴奋。
- [ ] 我乐于和身边每个人交流。
- [ ] 当我的朋友争吵时，我会帮他们调解。
- [ ] 我说的比听的多。
- [ ] 有时，我会重新开始做一些之前中断的项目。
- [ ] 在屋内待太久的话，我会焦躁不安。
- [ ] 玩过山车最棒了！

测试结果是……

数一数你在左页打的对钩数，然后匹配下面的测试结果。

0~5个对钩

你的性格是**内向型**！

你很冷静，喜欢深思熟虑，并且享受独处的时光。你更喜欢小团体，而不是大型聚会。在大型社交场合中，你会感到不知所措、筋疲力尽。独处一段时间后，你会恢复最佳状态，盖一条舒服的毯子，读本书或看部电影，度过一个安静的夜晚吧！

性格不分好坏

著名科学家居里夫人，是一个性格内向的人。她专注于自己所从事的科学领域，脚踏实地地进行科学研究，曾两次获得诺贝尔奖，是一位了不起的科学家。

6~10个对钩

你是个**中间性格**的人！

有时你喜欢独处，有时你会和朋友们一起玩。你的内心感受会为你指引方向，但其他人的看法也会让你动摇。专注于那些给你带来正能量的事情吧，从中找到平衡。

性格不分好坏

美国著名脱口秀演员奥普拉·温弗瑞非常擅长在观众面前讲话，是典型的外向性格。她能用轻松幽默的方式表达自己独特的观点，赢得了无数观众的喜爱。

11~15个对钩

你的性格是**外向型**！

你外向、热情，喜欢交际。你在团队中的表现很好，独处时会感到无聊。你喜欢聚集一大帮朋友，一起谈天说地。你会在社交场合获得能量。

用身边的物品印画

寻找合适的物品，让你的画作变得鲜活有趣吧。

你需要

- ★ 土豆
- ★ 饼干模具
- ★ 颜料和画刷
- ★ 纸

土豆印章

1

请家长帮忙，将土豆切成两半。

2

用力将饼干模具压进其中的半个土豆中，要尽可能压得深一些。

将土豆往下切大约0.5厘米，让模具露出来。

3

请家长帮忙，把饼干模具周围的土豆切掉，留下做好的土豆印章。

4

用画刷在你的印章上涂一层薄薄的颜料，然后在纸上按下印迹吧！

练习点彩画

用铅笔头上的橡皮来尝试这种绘画技巧吧。

你需要

★ 一张杂志里的图片
★ 颜料
★ 一根旧铅笔（铅笔的一头要有橡皮）

从杂志里剪下一幅彩色图片。

用铅笔头上的橡皮蘸点儿彩色颜料，在图片上点些圆点。注意颜料的颜色要和图片上的颜色相近哟。

不用背景图，尝试自主创作一幅点彩画吧！

你还可以玩拓印

你还可以发散思维，找一些不同大小的物体来做拓印。你可以试试：

- 回收的泡沫包装盒
- 棉球
- 气泡垫
- 木塞
- 蔬菜
- 树叶

这里有灵感！

点彩画是由艺术家乔治·修拉和保罗·西涅克在1886年创造的。它是由大量的小圆点组成的一幅更大的画。

学习烹饪

烹饪是对食材的加工处理，烹饪的方法有多种，先从简单的开始学起吧。

注意

使用刀子、烤箱，或处理生肉时，一定要请家长帮忙。

烹饪前，以及处理生肉和鸡蛋后，一定要把手洗干净。

肉类、蔬菜、鱼类和面包需要分别使用不同的砧板。

食材

尽可能选用新鲜的食材。你可以从当地的水果蔬菜店购买。有条件的话，也可以自己在花园里种些瓜果蔬菜。

食品科学

了解不同食材在同一道菜中的作用。比如说，加入柠檬汁这样的酸性食材，可以中和甜味和咸味。

饮食差异

出于各种各样的原因，一些人不吃某些食物。

素食主义者

不吃鱼和肉

鱼素者

不吃肉，但是吃鱼、虾等海鲜

绝对素食者

不吃鱼、肉、蛋和奶

弹性素食者

大多数时间是素食主义者，但有时也会吃鱼和肉

调料

调料对烹饪来说至关重要。调料包括盐、胡椒粉、香草和其他香料。了解这些调料，并把它们加到你的菜品中。在烹饪过程中要不断品尝，以保证最后的味道正合你意。

个性化比萨

一道美味大餐

你需要

- ★ 一小张发酵圆面饼
- ★ 番茄酱
- ★ 自选的碎块配料
- ★ 芝士

注意

使用烤箱时，一定要请家长帮忙。

1

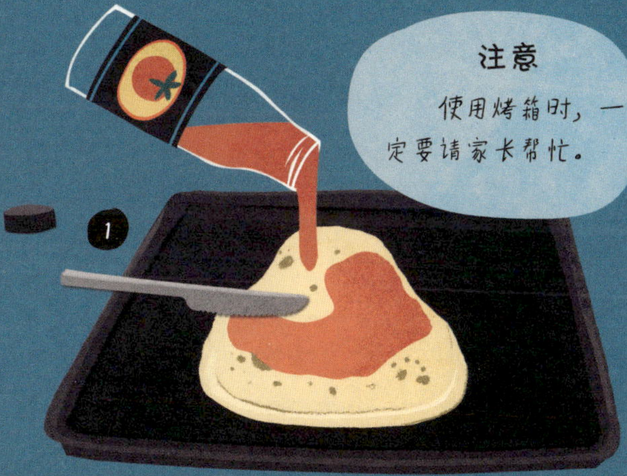

将烤箱预热至180°C。将圆面饼放在烤盘上，再在上面倒些番茄酱。

2

将芝士切成小块，或者小心地磨碎。在饼上撒上大量芝士碎块和配料。

3

请家长帮忙，把托盘放进烤箱里。烘烤4～5分钟，待芝士变成可爱的金黄色后取出。

提示

撒配料时，要从高处松手（将手高高举在比萨上方）。这样配料会均匀地撒在饼上，不会挤在一起。

比萨派对

和朋友一起，开个比萨派对吧。根据个人喜好，每人在自己的个性化比萨上撒上喜欢的配料，然后开始烘烤吧！

各种各样的配料

可以选择这些配料来做你的比萨：

橄榄　洋葱　胡椒粉　番茄　蘑菇　甜玉米　菠萝

甜甜的水果串

你需要

- ★ 新鲜的水果（如草莓、蓝莓、香蕉、苹果和猕猴桃）
- ★ 100克黑巧克力
- ★ 长长的木扦
- ★ 烤盘
- ★ 烘焙纸
- ★ 微波炉专用碗
- ★ 小勺

用不含奶的黑巧克力做素串。

1

将水果切成一口能吃进去的小块，然后小心地用木扦子穿好。可以尝试按一定的规律来穿，比如按照草莓、蓝莓、香蕉、草莓、蓝莓、香蕉这样的顺序来穿。

2

在烤盘上铺一张烘焙纸，把水果串放在上面。

3

把黑巧克力掰碎，放进微波炉专用碗里。中火加热1分钟，然后搅拌，再加热1分钟，继续搅拌，直到巧克力变成丝滑的巧克力酱。

4

用小勺将巧克力酱淋在水果串上。

5

在冰箱里放置1小时。

混合起来

想要更多花样？除了做黑巧克力酱，你也可以做些白巧克力酱。将两种巧克力酱淋在水果串上面的效果绝对妙极了。你还可以在上面撒些巧克力碎末，让它在派对上闪亮登场吧。

烘焙之美

工具

准备一些烘焙工具，开启你的烘焙之旅：

- 食品秤
- 搅拌碗
- 烤盘
- 打蛋器（搅拌器）
- 量杯
- 勺子
- 叉子

你知道吗？

从技术上来说，烹饪就是用混合、加热的方法，做成一道菜。烘焙是烹饪的一种，烘焙是将食物放进烤箱里加热。烹饪被认为是一种艺术，而烘焙是一门精确的科学。

重要提示

掌握烘焙师的秘诀，像大厨一样烘焙吧。

打鸡蛋的时候，将叉子平放在鸡蛋上方，抖动手腕轻敲蛋壳。

开始前，先通读食谱。确保你准备好了所有的食材和工具，火候也能掌握得刚刚好。

练习、练习、反复练习！尝试不同的烘焙方式，玩出新吃法。

警告

不要用小苏打代替发酵粉。发酵粉用于发酵面团、做面包。小苏打是碱性食品添加剂，用它做出的面包不仅有碱味，也不蓬松，还会破坏面粉中的维生素。

测量液体时，弯下腰，让眼睛和量杯上的刻度处在同一水平线上。

梦境日记

写一篇日记，记下你梦到的情景吧。

捕捉梦境

梦很有趣，却总是一闪而过。它在你的睡眠中活灵活现，醒来时依旧清晰,可之后当你回忆的时候，它却消失得无影无踪了。抓住这些梦的记忆吧，醒来后立刻把它们记录下来。

看看你还能不能回忆起梦境。你的梦里都有谁？你能记起哪些画面和声音？

把日记本放在你的床头柜上，这样当梦境还在你脑海中的时候，你就可以把它记下来了。

梦境细节

在日记里，你还可以写：

★以前你是否做过这样的梦
★你感觉梦有多真实
★它是否影响你的睡眠了
★你能否发现关于梦境的规律

这里有灵感！

心理学家卡尔·荣格对梦进行了研究。他认为，在一段时间内做的梦，能反映出你心里那些不为人知的秘密。

我的梦境日记

从这里开始，记下你接连几天的梦境。

星期一，我梦到了＿＿＿＿＿＿＿＿＿＿＿＿＿＿＿＿

＿＿＿＿＿＿＿＿＿＿＿＿＿＿＿＿＿＿＿＿＿＿＿＿

＿＿＿＿＿＿＿＿＿＿＿＿＿＿＿＿＿＿＿＿＿＿＿＿

＿＿＿＿＿＿＿＿＿＿＿＿＿＿＿＿＿＿＿＿＿＿＿＿

我感觉＿＿＿＿＿＿＿＿＿＿＿＿＿＿＿＿＿＿＿＿＿

我之前做过这样的梦：是 □ 否 □

星期二，我梦到了＿＿＿＿＿＿＿＿＿＿＿＿＿＿＿＿

＿＿＿＿＿＿＿＿＿＿＿＿＿＿＿＿＿＿＿＿＿＿＿＿

＿＿＿＿＿＿＿＿＿＿＿＿＿＿＿＿＿＿＿＿＿＿＿＿

＿＿＿＿＿＿＿＿＿＿＿＿＿＿＿＿＿＿＿＿＿＿＿＿

我感觉＿＿＿＿＿＿＿＿＿＿＿＿＿＿＿＿＿＿＿＿＿

我之前做过这样的梦：是 □ 否 □

星期三，我梦到了＿＿＿＿＿＿＿＿＿＿＿＿＿＿＿＿

＿＿＿＿＿＿＿＿＿＿＿＿＿＿＿＿＿＿＿＿＿＿＿＿

＿＿＿＿＿＿＿＿＿＿＿＿＿＿＿＿＿＿＿＿＿＿＿＿

＿＿＿＿＿＿＿＿＿＿＿＿＿＿＿＿＿＿＿＿＿＿＿＿

我感觉＿＿＿＿＿＿＿＿＿＿＿＿＿＿＿＿＿＿＿＿＿

我之前做过这样的梦：是 □ 否 □

星期四，我梦到了＿＿＿＿＿＿＿＿＿＿＿＿＿＿＿＿

＿＿＿＿＿＿＿＿＿＿＿＿＿＿＿＿＿＿＿＿＿＿＿＿

＿＿＿＿＿＿＿＿＿＿＿＿＿＿＿＿＿＿＿＿＿＿＿＿

＿＿＿＿＿＿＿＿＿＿＿＿＿＿＿＿＿＿＿＿＿＿＿＿

我感觉＿＿＿＿＿＿＿＿＿＿＿＿＿＿＿＿＿＿＿＿＿

我之前做过这样的梦：是 □ 否 □

星期五，我梦到了＿＿＿＿＿＿＿＿＿＿＿＿＿＿＿＿

＿＿＿＿＿＿＿＿＿＿＿＿＿＿＿＿＿＿＿＿＿＿＿＿

＿＿＿＿＿＿＿＿＿＿＿＿＿＿＿＿＿＿＿＿＿＿＿＿

＿＿＿＿＿＿＿＿＿＿＿＿＿＿＿＿＿＿＿＿＿＿＿＿

我感觉＿＿＿＿＿＿＿＿＿＿＿＿＿＿＿＿＿＿＿＿＿

我之前做过这样的梦：是 □ 否 □

数字游戏

来玩这些算数游戏，让你的大脑越来越聪明。

破解密码

解开这些谜题，打开这个保险箱吧。

A 4加5等于几？

B 小明10岁的时候，他妹妹的年龄是他的一半。小明现在25岁了，那么他妹妹现在多大了呢？

C 一名顾客花了140元买了一副眼镜和一个包。已知包的价格比眼镜便宜100元。那么，眼镜的价格是多少元呢？

打开保险箱的密码是：

A □ B □□ C □□□

数学魔法

不管刚开始的数字是几，经过下面一系列运算，最终答案永远是2！

随便想一个数字：______

加4：$+4=$ ___

乘以4：$\times 4=$ ___

减去8：$-8=$ ___

除以4：$\div 4=$ ____

再减去最开始的这个数字：____ − ____ = __

答案永远是2！

现在，找个朋友试试这个魔法吧！

魔法九宫格

在九宫格的空白处，填上数字，让每行的数字之和与每列的数字之和相同。这一数字之和就是九宫格的魔法数字。

1		3
	4	
4		2

魔法数字 ○

3		3
	4	
4		4

魔法数字 ○

4		4
	6	
3		11

魔法数字 ○

盘子里有多少糖果？

先不要数，你觉得这些盘子里有多少颗糖果？猜猜看吧！然后把数出的数量写在虚线处。

1

2

3

这里有灵感！

“数学”一词的英语“mathematics”起源于古希腊语“μάθημα”。

创建完美歌单

用美妙的乐曲组合为每个场合营造氛围吧。

场合

你想在什么时候听这份歌单中的乐曲？是在生日聚会上吗？如果是的话，你可能需要一些欢快的歌曲，让大家舞动起来。如果是在学习的时候听，安静一些的歌曲可能更适合你。

主题

把歌曲按主题组合在一起，会让歌单上歌曲的播放效果更好。想想歌单的使用场合，然后找一个与之匹配的主题。比如下面这些：

- 童年时光
- 钢琴曲
- 演唱会曲目
- 健身配乐
- 欢快舞曲
- 回味经典

歌曲播放顺序

音乐可以影响人的感觉、心情以及精神状态。想好你歌单里的歌曲播放顺序：用轻柔的旋律预热，充满活力的歌曲放在中间，最后用安静的歌曲来结尾。

随机播放

记住，大多数音乐软件都支持歌曲的随机播放。如果你不想按照歌单顺序听歌，可以试试这个功能。

挑选曲目

在这里创建你的歌单吧。确定场合和主题，再把你想到的歌名写下来。用箭头或数字来表示你想要的播放顺序。

我听音乐的场合：

我的音乐主题：

你的理想假期是什么样的？

完成这项测试，找到让你放松、玩得开心的最佳度假地点吧！

从这里开始

周末，我喜欢……

和朋友出去玩

你更喜欢什么季节？

待在家里放松一下

朋友告诉了你一个秘密，你会……

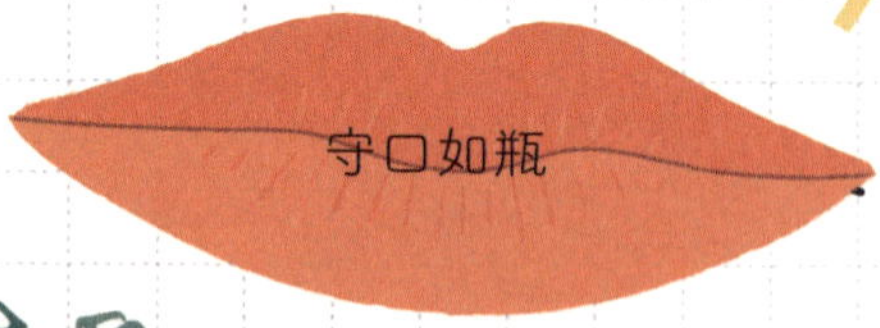

说出去！

去一个新的地方，你会……

探索

在室内休息

做体操

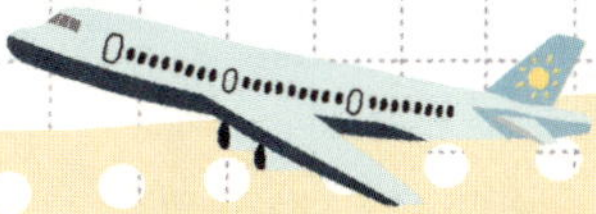

你更喜欢去探险

你永远不会停下探索的脚步——探险在等着你！假期里，你喜欢在丛林中徒步旅行，还是探索热闹的新城市，或者去滑雪场滑雪？去探索这个世界吧，勇敢的探险家！

选择一项活动

游泳

牛仔裤和套头针织衫

你更喜欢居家度假

在家里让你感到最放松。坐在暖气旁安静地休息，除了读书、看电影或创作，别的什么都不用做，这就是你要的生活。舒适地窝在沙发上，享受此刻吧！

你的衣柜里主要有……

太阳镜和短裤

你更喜欢去热带度假

在充满热带风情的度假景点，你非常享受地躺在沙滩上，沐浴着明媚的阳光，耳边传来海浪的阵阵拍打声，这一刻真是太美好了！

种植香草花园

了解与香草有关的知识，
种植室内植物。

你需要

- ★ 罐子
- ★ 薄卡纸
- ★ 水彩笔
- ★ 盆栽土壤
- ★ 种子包

1

收集罐子，罐子的数量要足够容纳你想种植的香草数量。把每个罐子都清洗干净，倒扣放置，等待干燥。

2

用剪刀把卡纸剪出标签，把香草的名字分别写在各个标签上，再把标签贴到每个罐子上。

3

往每个罐子里倒入土壤，一直倒到离罐口1厘米左右的位置。

4

提示

按照种子栽种说明书操作，效果会更好。

将种子包里的香草种子，撒在贴了对应标签的罐子里，用手指将种子轻轻压进土壤里。

5

往每个罐子里浇水。注意别浇太多水。一旦发现水不往土里面渗透，而是浮在土壤表面，应立即停止浇水。

6

把罐子放在阳光充足的窗台上。当植物缺水时再浇水。

美味的调料

你的香草植物既令人赏心悦目，又可以当作实用的烹饪调料。从香草植物上摘一两片叶子，放入烹饪的菜肴中。切记，在放之前要先把香草洗干净，再根据需要把叶子切碎。

有关香草的一切

可以选多种香草种在花园里，下面是一些常见的香草。

薄荷

清爽的薄荷适合搭配甜咸口味的菜品。可以把它加在饮料、沙拉或者甜点里。

罗勒

罗勒主要和西红柿搭配。它的用途很广，加在三明治、汤、沙拉和酱料里味道都很好。

百里香

百里香可以和牛至、迷迭香、欧芹等其他香草完美搭配。它的叶片很小，通常不需要切碎。

欧芹

欧芹几乎可以和任何食物搭配。它口感温和，能中和其他味道，可以用它来给肉类或蔬菜增香。

迷迭香

迷迭香味道浓烈，所以要少用！可以把它和大蒜、食用油混合在一起，单独放在一个盘子里，用作比萨或意大利面的蘸酱。

英文书法的艺术

跟汉字一样，英文也有自己的书法艺术。探索一些装饰性的手写字体，然后创造出属于你自己的华丽字体吧。

从传统到现代

传统英文书法可以追溯到许多个世纪以前，它对字母的书写有着严格的规定。当时常见的手写字体有意大利体、安色尔体、斯宾塞体等。现代书法的要求比传统书法更加宽松，可以用在信件、邀请函、签名等多种地方。

书法工具

掌握正确的书写方法，你可以尝试：

软毛笔——这是用来入门的最好工具：它的笔尖富有弹性，能写出粗细不同的笔迹。

钢笔——使用起来更有难度，你需要掌握好握笔的角度。

你还需要

★ 铅笔

★ 尺子

★ 水彩笔

基本功

在开始写字母之前，你要先反复练习以下笔画。

用铅笔和尺子画出四条横线，让它们等距离排列。在其间写字母，字母上下的出头部分，分别顶着最上面和最下面的两条线。

注意

不想买特殊的笔，也可以用水彩笔来替代。先勾出笔画的轮廓，再用水彩笔填充颜色，画出书法字体的样子。

继续尝试

在熟练掌握了基本功后，你就可以探索自己的风格啦。除了在四线格上写单词，你也可以尝试写花体字，再用水彩笔给它们涂上颜色。

Aa Bb Cc Dd Ee Ff
Gg Hh Ii Jj Kk Ll Mm
Nn Oo Pp Qq Rr Ss Tt
Uu Vv Ww Xx Yy Zz

熟能生巧！

在下面练习笔画和字母吧。

提示

握笔时，笔与纸要呈一定的夹角，但不要垂直。

折纸艺术

用纸做出精美的艺术品吧。

什么是折纸艺术？

折纸艺术是一种将纸张折叠成各种精巧形状的艺术活动，因材料易得、好玩且有趣而深受人们的喜爱。

神奇的狐狸

1

准备一张正方形的橙色纸。

2

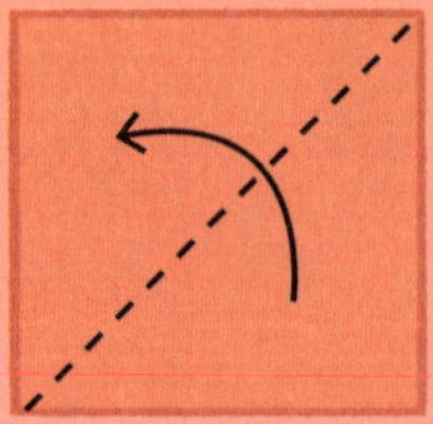

沿对角线向左上角折叠，压平。

3

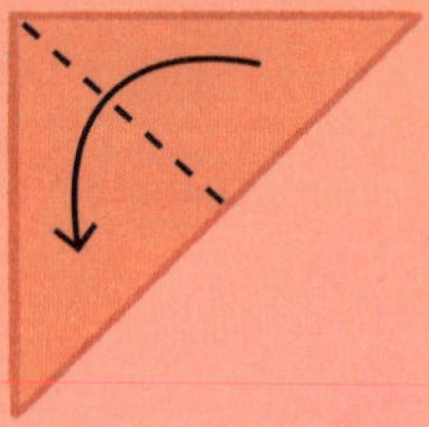

将右上角折到左下角的位置，压平，然后打开。

4

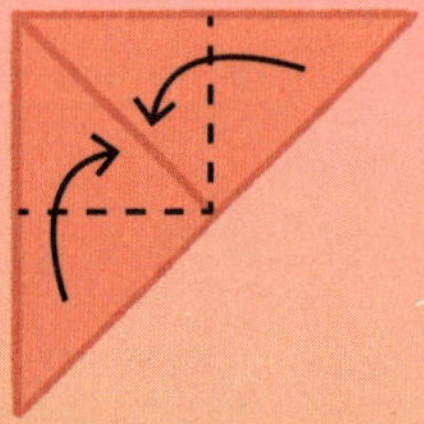

分别将左下角和右上角对折到中间折痕处。

5

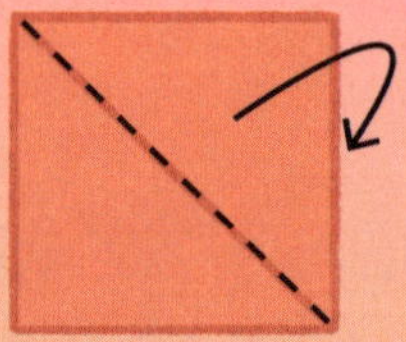

沿对角线，向后翻折。

6

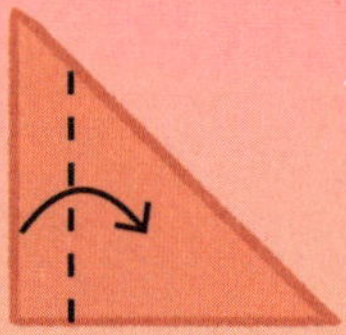

沿图中虚线折，压平，然后打开，折线处是竖直的。

7

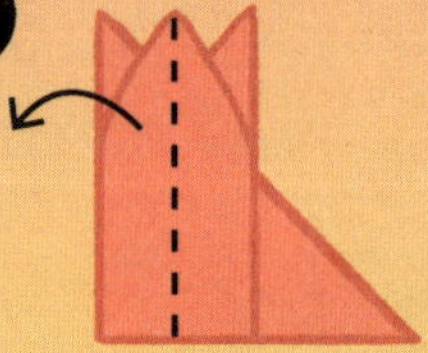

将中间层向外压下去。

8

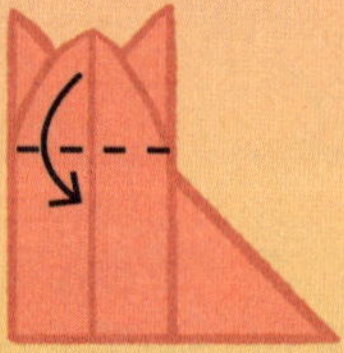

将最上面的角向下折，做鼻子。

9

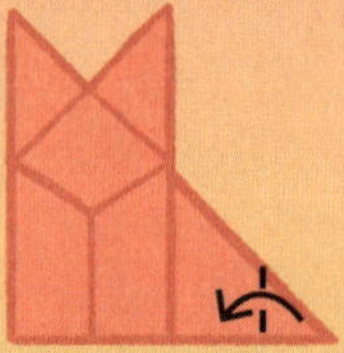

将外面的角往里折一点儿，做尾巴。现在，让你的狐狸站起来吧。

魔法森林

用大小不等、颜色多样的纸折出各种各样的狐狸，创造一个有很多狐狸的森林世界吧。

摇摇船

1

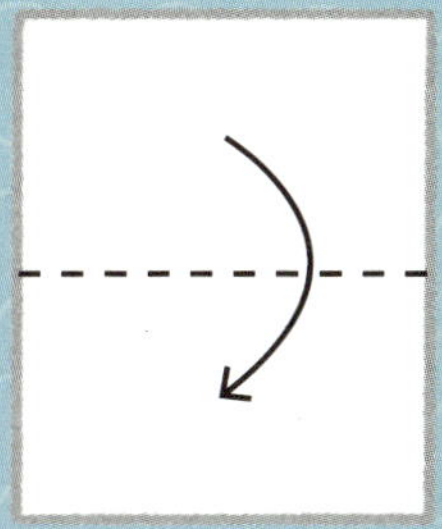

准备一张A4纸，放在桌面上，并将它从上往下对折。

2

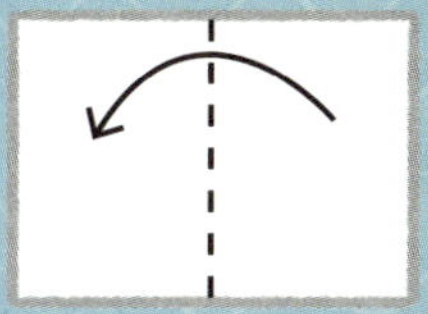

从右往左对折，压平，然后打开。

3

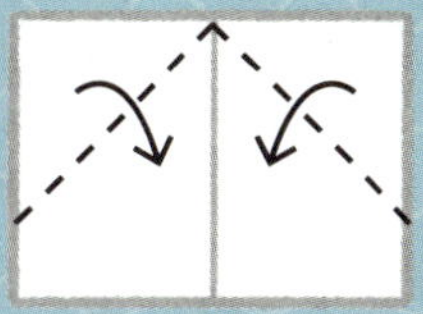

将两个顶角沿中线折下来，压平。

4

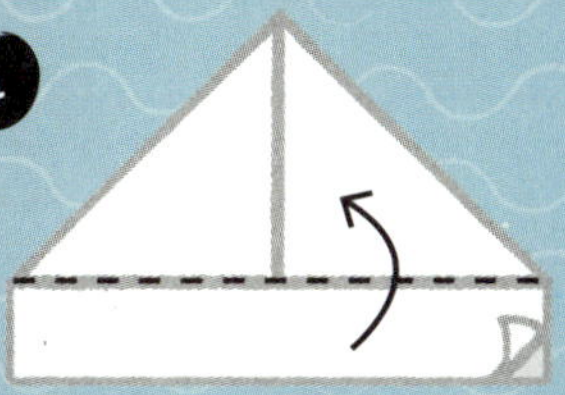

将底部上面一层的长方形纸折到三角形上面，然后把纸翻过来。

5

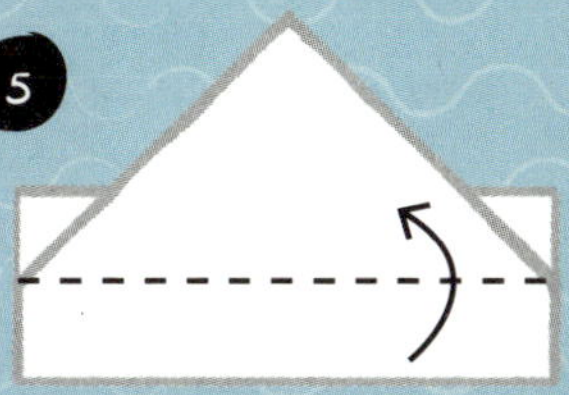

重复步骤4的操作，先把底部折上去，再打开。

6

如图所示，将两角向上折，再把底部折上去。

7

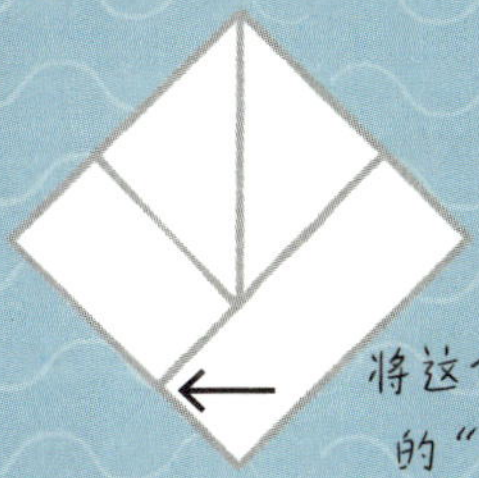

将底部的长边沿着与之垂直的方向向外拉开，压平，将前后的角都塞进去。

8

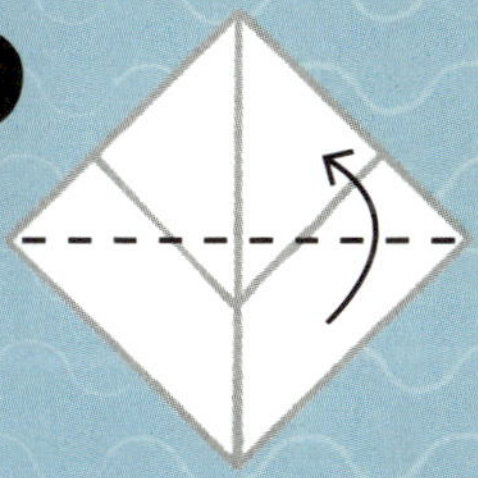

将上面一层纸的底角沿中线向上折。翻过来，重复同样的操作。

9

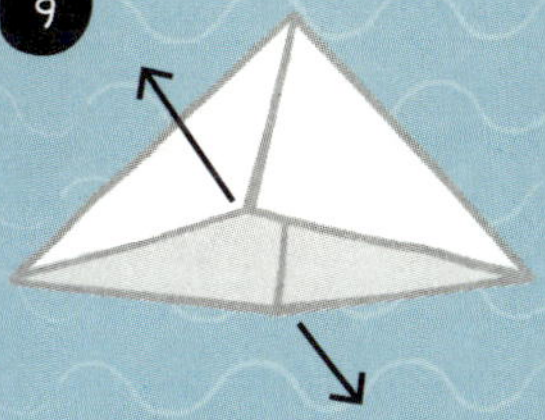

将底部的长边沿着与之垂直的方向向外拉开，压平，就像之前做过的那样。

10

将顶部的纸尖向外拉，形成船形，中间有个船帆。

扬帆起航

你做的小船应该能在水里漂浮起来！在澡盆或洗碗槽里测试一下吧。再多做一些小船，和朋友一起去比赛吧。

滴画

创作一幅抽象艺术巨作吧，就像伟大的杰克逊·波洛克所画的那种。

杰克逊·波洛克是美国著名的抽象派画家，他最出名的就是那些看上去乱糟糟的滴画。他所使用的技法叫作“行动绘画”，先把画布铺在地板上，再在周围走动，然后将颜料滴洒在画布上。

你需要

- ★ 报纸
- ★ 围裙
- ★ 一大张画纸或画布
- ★ 颜料
- ★ 画刷

1

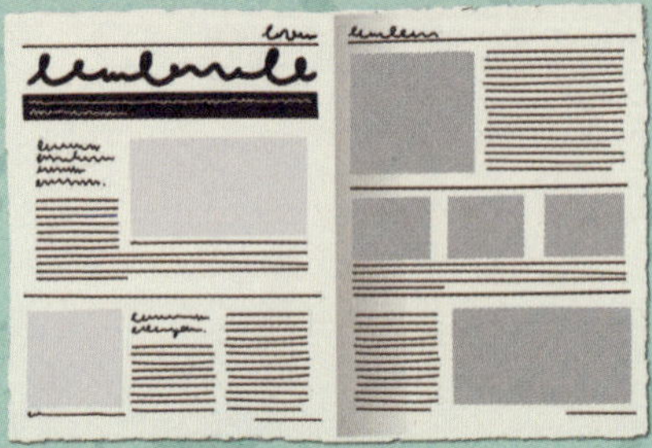

在你的画室里铺上报纸。这种艺术最好是在户外的草坪上完成。别忘了系上围裙。

2

在报纸上面平铺一层画纸或画布。

3

把画刷浸在颜料里，拿出来时，刷头上最好是挂着一滴滴的颜料。甩一甩画刷，把颜料滴到画布上，随心所欲地创作出各种线条和形状。用不同的颜色表达你的所思所想。

4

晾干，然后将你的艺术作品挂起来吧！

这里有灵感！

“抽象”的意思是，所画的东西看起来不像任何真实存在的物品，但它能将画家的想法和情感表达出来。

盐画

给你的画作添点儿调料吧，让它更加赏心悦目。

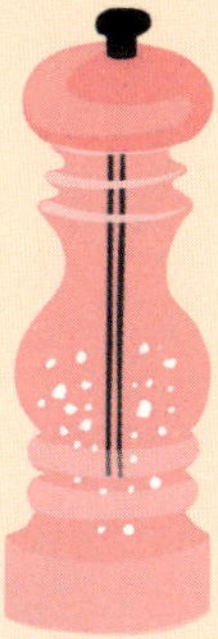

你需要

- ★ 水彩颜料
- ★ 画刷
- ★ 画纸
- ★ 粗粒盐

1

用水彩颜料和画刷，在纸上画出树或夜景。

2

当颜料半干时，往上面撒盐。观察每粒盐周边的质地变化。

3

等画完全变干，再轻轻刷掉多余的盐。

发生了什么？

盐吸收周围的水分，使颜料变得干燥。盐所在的位置都会有浅色的圆点。你需要多加练习，才能掌握撒盐的准确时机，以及选对盐的种类。努力尝试吧，看看哪种方法更适合你！

练习瑜伽

用这种古老的训练方式，让你的身体更加柔韧、心境更加平和吧。

什么是瑜伽？

瑜伽源于古印度，是控制呼吸以及特定身体姿势的训练。现在，全世界很多人通过练习瑜伽来达到锻炼身体和放松自我的目的。

练习瑜伽的时候，要穿舒适、有弹性的衣服，这样方便你做动作。光着脚，让脚底与地面接触。当然很多人也会使用瑜伽垫。

瑜伽体式

练习瑜伽的体式有很多种，从易到难都有。先来尝试下这些基本姿势吧。

简单体式

这种常用的热身体式，可以帮你舒缓身心，专注呼吸。坐在地上，双腿交叉，手放膝上，掌心向上。闭上眼睛，深呼吸10次。

山式

山式是很多更高难度瑜伽体式的基础。它能帮你找到与地面之间的联结。双脚并拢站立，收紧腹部和胸部，肩部后挺。想象头悬梁的感觉，坚持做完8次深呼吸。

记得呼吸

呼吸是做瑜伽的一个重要环节。用鼻子深吸气，再从嘴里慢慢地吐气，有意识地呼吸。

树式

这种体式可以锻炼你的平衡感。双脚并拢站立，再抬起左腿，左脚放到右腿大腿的内侧。双手在胸前合掌。在你的视野前方找一个点盯着看，这会帮你保持平衡。站稳后，双臂慢慢举过头顶，坚持6到8次呼吸；换条腿，重复同样的动作。注意，你的身体一定要保持直立，不要向支撑腿的那边倾斜。

下犬式

这种体式是对全身一次不可思议的舒展。先从四肢着地开始，然后身体离开地面，以手掌和脚掌撑地。脚趾压地，臀部向上抬高，尽可能地保持双腿伸直。如果做不到，手可以往前挪一点儿。坚持4次呼吸。

婴儿式

完成这个能让人静下心来的伸展训练吧。四肢着地，臀部后移，屁股坐在脚跟上，手固定好位置不要动。低头，让额头碰到地面，感受身体的放松。坚持10次呼吸，或者根据自身情况来控制时间。

提示

如果你计划经常练习瑜伽，可以考虑报个瑜伽班。教练可以指导你完成正确的动作，并帮你调整呼吸。

涂色解压

涂色的时候，你会慢下来，专注于页面，这会使你身心平静。给这幅漂亮的图画涂上颜色，体会一下放松的感觉。

设计玻璃盆景

制作微型景观，将绿植带进家。

你需要

- ★ 透明玻璃容器
- ★ 小石子
- ★ 鹅卵石
- ★ 活性炭
- ★ 盆栽土壤
- ★ 适合在玻璃容器内生长的植物

什么是玻璃盆景？

玻璃盆景是一个在封闭环境里的“小花园”，特别适合给室内空间增添生机。这种桌上景观可以作为漂亮的装饰，也可以作为精心准备的礼物送给朋友！

玻璃盆景关键提示

试着回收利用或者买个二手的玻璃容器，旧鱼缸、咖啡罐或玻璃杯都可以。

在商店里，买一些活性炭、盆栽土壤和适合在玻璃容器内生长的植物。

挑选个头小一些、能放进玻璃容器里的植物，别让植物显得太拥挤。

在容器上方留下三分之一的空间。

发现土壤干了，就要定期给盆景浇水。

把盆景放在阳光充沛的地方，但千万不要让阳光直射。

适合做玻璃盆景的植物

盆景植物的体形要小，还要能适应潮湿的环境。这些是可以选择的植物：

- 迷你蕨类植物
- 苔藓
- 空气凤梨
- 椒草

这里有灵感！

盆栽植物不仅能把家里装扮得漂漂亮亮，还有利于身体健康！植物能释放呼吸所需要的氧气，有些植物还能够净化空气。此外，科学家认为，照顾植物还能让人内心快乐、平和。

1

找个大瓶口的容器，以便能把手伸进去布置盆景。

6

最后，再铺上一层鹅卵石做装饰，并用来固定植物的位置。

2

在容器底部铺一层小石子。这是为了给排水留出空间。

3

在上面薄薄铺一层活性炭，这样可以抑制土壤内细菌的滋生。

4

铺上一层厚厚的盆栽土壤。植物的根部至少要埋进5厘米深。

5

在盆景土壤里挖洞，将植物放进去，摆成自己喜欢的样子。享受你的设计乐趣吧！

单词游戏

如果你喜欢英语，就快来玩这些单词游戏吧！

拼词搜索

ARDME _____
RTAS ____
SHIW ____
TAERCE ______
SOVCIDRE ________

将右边这些打乱的字母重组成单词。

然后在下面的格子里找到它们，它们是横着、竖着或是斜着排成一列的。

A	G	W	I	S	O	L	E	A	F	S	E	A	H	R
S	E	D	U	N	V	I	L	W	I	S	H	E	A	T
K	I	L	I	F	O	A	H	S	E	R	L	T	C	A
A	D	R	W	S	A	I	C	R	E	A	I	O	R	I
D	R	E	A	H	C	A	R	I	S	A	T	E	E	B
O	E	R	I	M	F	O	A	F	U	T	A	R	A	I
A	A	L	H	O	R	E	V	A	R	I	A	A	T	R
R	M	C	A	D	R	E	N	E	B	A	N	R	E	T
A	G	O	R	I	A	S	U	N	R	I	S	C	O	S

英语单词押韵游戏

用计时器设定1分钟的时间。快点儿！你能想出几个和CAT（猫）押韵的单词？在计时结束前，尽可能把它们都写下来吧。

提示

可以试着想想多音节单词。

向你的朋友发出挑战！

再玩一次这个游戏。看看在1分钟之内，谁想出的和BOY（男孩）押韵的单词最多？

INSPIRATION

词中词

你能用inspiration（灵感）这个单词中的字母，重新组合创造出多少个新单词呢？把它们写在这里吧。

star（星星）

编故事

和好朋友一起玩这个游戏吧。

1. 一个人先开始编故事的第一句话。
2. 下一个人再编故事的第二句话。
3. 再下一个人编故事的第三句话，以此类推。最后，所有人至少都讲述了一次，故事就可以结束了。

在做这个游戏的时候，可以把句子大声地说出来，也可以把你想到的写下来，这样比较容易记住你那些稀奇古怪的灵感！

你们的故事会在什么地方结束？故事里融进了各种不同的奇思妙想，后续的情节走向一定会超级疯狂的！

办一场聚会

邀请你的朋友们，来一场特别又温馨的聚会吧。

为聚会做准备

和你的父母商量什么时候可以组织或安排一场聚会，最多能邀请多少人来，以及聚会的地点。留宿的朋友们是要睡在你房间的地板上，还是睡在客厅里你临时支起的床上？

场地布置

请你的朋友们每人带个睡袋来。把睡袋围在床的周围，床上放着枕头，这样你们就有一块绝佳的地方来聊天了。你还可以再放一些靠垫或毯子，让床变得更加舒适。接下来迎接欢乐时刻吧。

零食

和朋友分享你准备的美味零食吧。可以分别在碗里装些爆米花、薯片、糖果和水果等。

游戏

聊天和哈哈大笑可能会占据你很多时间。不过，你也可以制订一些游戏计划，比如设计一个寻宝游戏或者棋类、纸牌类游戏，甚至还可以一起做手工或烘焙。

着手制订计划

在这里，把有关聚会的想法都写下来或画出来吧。

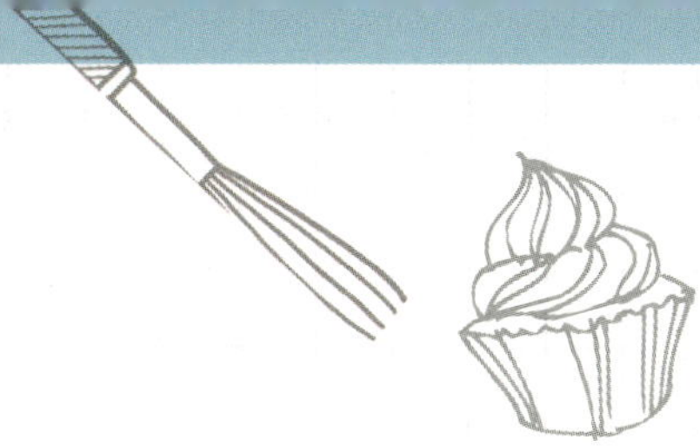

设计邀请函

把聚会变成一场正式活动，为它做一张风格相符的邀请函吧。你可以自己设计，也可以参照这张邀请函。

设计一个寻宝游戏

这个有趣的挑战，能激励你的朋友和家人，去留意身边的小事儿。

什么是寻宝游戏？

寻宝游戏就是给出一份物品清单，让个人或团队去寻找。第一个找到所有物品的个人或团队获胜。

你需要什么？

打印足够多的物品清单，再准备足够多的铅笔，分给参加游戏的每个人或团队。如果需要把找到的物品带回来，还要分给每个人或团队一个袋子。

有的寻宝游戏要求收集物品实体，还有的只要在清单上打钩或拍照就行。你可以制定自己的寻宝游戏规则，但一定要让大家了解。

挑选奖品

在游戏中，你需要设定奖励机制，让大家参与其中。挑选你的朋友们喜欢的奖品。奖品可以是实物，比如自制奖杯等；也可以是一种特殊的奖励，比如在聚会时可以优先选歌等。

确定主题

想想你要在什么时间、什么地点举行寻宝游戏。你会把主题设置成“无聊克星”或者“寻宝大挑战”吗？将场景布置成与主题相关的。可以尝试下面这些想法，也可以自己构思其他的。

公路旅行大搜查

找到蓝色汽车、戴帽子的司机等，就可以在清单上打钩啦。

室内寻宝赛

寻找绿色气球、故事书，以及毛茸茸的东西……

自然寻踪

带回一根树枝、一个翅果、一片红叶……

快乐找照片

找到一张带有紫色物品的照片、做鬼脸的自拍照，以及跳舞的照片……

提示

如果找到所有物品的难度比较大，也可以设置一个时间限制。在规定的时间内，找到最多物品的个人或团队获胜！

自己设计游戏

在这里，写下更多寻宝游戏的主题和创意。头脑风暴一下，想出可以让朋友们来寻找的物品。

花园寻踪

这里有灵感！

试着再设计一个探宝游戏吧。探宝游戏会给出游戏者一系列的线索，游戏者需要根据一个接一个的线索解谜，直到最终拿到奖品。

制作时间胶囊

将回忆装入时间胶囊中，在未来重拾记忆，怀念往昔。

什么是时间胶囊？

时间胶囊就是把当下的物品和笔记收集到一起，藏起来，好让未来的自己或家人找到。

把它塞满吧

时间胶囊里面可以放很多东西。想想什么东西对你来说意义重大。比如：

当前的杂志或报纸

信件

照片

写给未来自己的便条

让你引以为傲的校内课题或荣誉奖项

你最喜欢的玩具

代表友谊的手链

挑选一种容器

想想你要往里面放什么，以及你想把时间胶囊藏到哪儿。你可以把鞋盒装饰得漂漂亮亮的，放在室内当作时间胶囊，也可以找一个更加结实耐用的盒子，这样就可以把它放在屋外了。要是你有足够的空间，一个洗干净的罐子或塑料桶也是很好的选择。

藏起来

找好物品后，把它们放进时间胶囊，密封好。找个安全的地方，比如橱柜后面，或者花园里，把你的时间胶囊藏起来或埋起来。你还可以请别人帮你藏起来，这样你就不会总惦记着去偷看了！

在时间胶囊上，用标签贴上你的名字和日期。

给未来的自己

根据你此时此刻的想法，填写本页中的问题，这些问题可能是你想和未来的自己分享的。然后，再给未来的自己写一封信。

对我而言，最重要的事情是 ____________________

我长大后想成为 ____________________

当我找到这张字条时，我希望自己 ____________________

给未来的我一些建议：____________________

我现在的最爱：

书籍：__________ 电影：__________

颜色：__________ 活动：__________

食物：__________ 饮料：__________

亲爱的，未来的我：

....

....

....

....

....

....

....

....

....

爱你的，过去的我

..................（日期）

学习莫尔斯电码

给你的朋友发送并分享只有你们之间才懂的秘密信息吧。

什么是莫尔斯电码？

莫尔斯电码是一种密码体系，它是用一系列的点和划来代替字母、数字和标点符号。它可以通过电子脉冲或闪光灯来传输信号。

改变语言

莫尔斯电码在19世纪由塞缪尔·莫尔斯所在的团队发明，能通过电报发送信息。后来一种更简单的国际莫尔斯电码获得了大家的认可。

发出声音

在电话发明以前，这一密码系统可以用于远程通信，还可以在战时传送秘密信息。

秘密信息

和你的朋友一起学习莫尔斯电码吧，这样你们就能相互发送并理解加密信息了。在桌子上叩响手指，分享你的秘密想法，或者在黑暗中用手电筒发出信号，把你的信息传送出去。

制作莫尔斯电码手链

将这条带有密码信息的串珠手链紧紧握在手中。

你需要

- ★ 线绳
- ★ 三种颜色的珠子

1

选一种颜色的珠子做“点”，一种颜色的珠子做“划”，最后一种颜色的珠子做“空格”。

国际莫尔斯电码

“划”的长度是“点”的3倍。

A ·—	K —·—	U ··—	1 ·————
B —···	L ·—··	V ···—	2 ··———
C —·—·	M ——	W ·——	3 ···——
D —··	N —·	X —··—	4 ····—
E ·	O ———	Y —·——	5 ·····
F ··—·	P ·——·	Z ——··	6 —····
G ——·	Q ——·—		7 ——···
H ····	R ·—·		8 ———··
I ··	S ···		9 ————·
J ·———	T —		0 —————

字母之间需要留出3个空格，单词之间需要留出7个空格。

这条手链可以作为送给好友的特殊礼物。你可以拼出朋友的名字，或是一个对你们来说意义重大的单词，再或者拼出“friend（朋友）”这个单词，以此告诉朋友，他在你心中的重要地位。

2

将线绳从中间对折，在绳子的一端打个结。根据莫尔斯电码，用对应颜色的珠子拼出一个秘密单词，并将珠子穿到绳子上。

3

都穿完之后，在绳子的另一端打个结，把珠子固定住。请家长帮忙，将手链戴在你的手腕上，并在合适的位置将绳子两端系在一起。最后把多余的绳子剪掉。

素描技巧

拿起你的铅笔，在你的画上加些纹理、阴影和有意思的东西吧。

素描排线

素描排线是指利用紧密的平行线来增加阴影效果的一种基础画法。线条越密集，图案看着就会越暗。

轮廓线

轮廓线增加了画面的纵深感。在这幅图中，弯曲的轮廓线创造出3D立体的错觉。

素描时间

在这里尝试画素描排线和轮廓线。自由自在地练习素描吧。记住，这里是一个安静的练习空间。

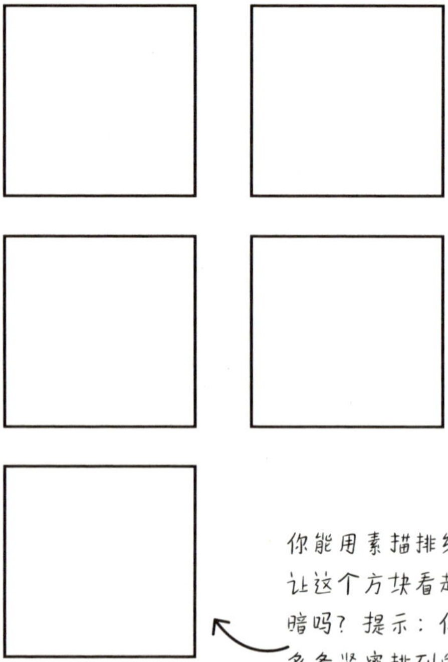

你能用素描排线的方法，让这个方块看起来色调更暗吗？提示：你需要画很多条紧密排列的平行线！

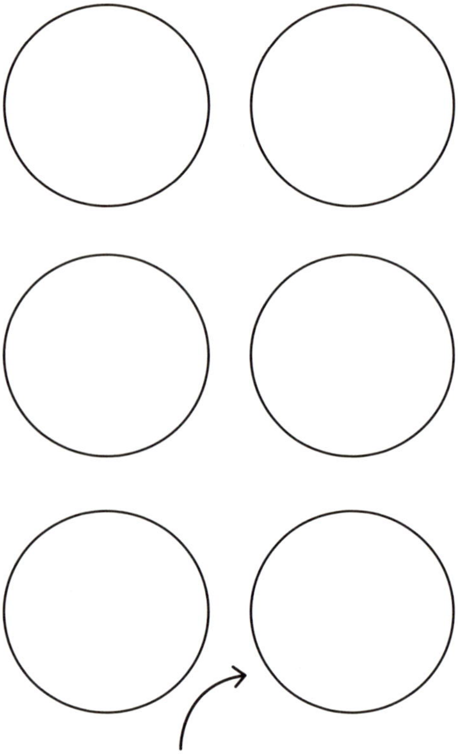

试着把这个圆形变成一个球形。

交叉影线

通过交叉影线，不同角度相互交叉的平行线可以让图画形成更丰富的层次。这种技法相比排线来说，是用更少的线条，画出更暗的图案效果。因此，用这种方法，很快就可以画出阴影的效果。

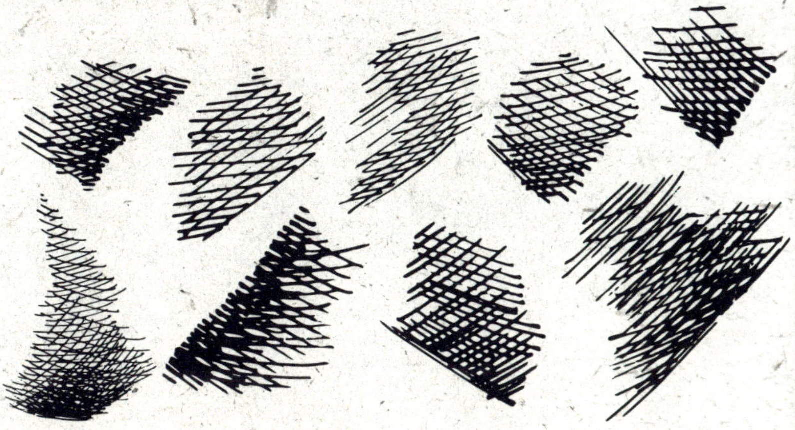

光与影

思考在你的画中，光从哪里来，然后把阴影的部分涂暗。

在这些形状上加以练习吧。

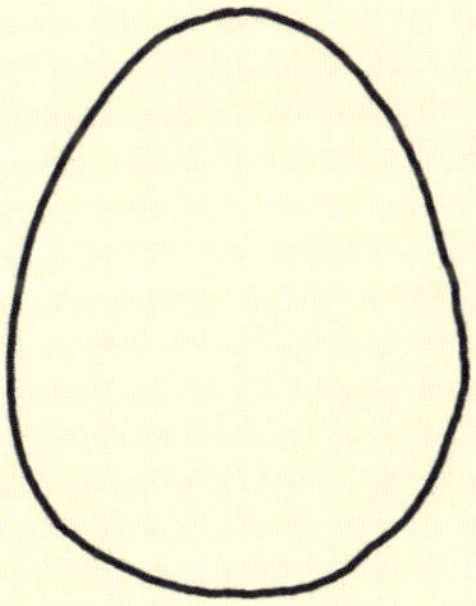

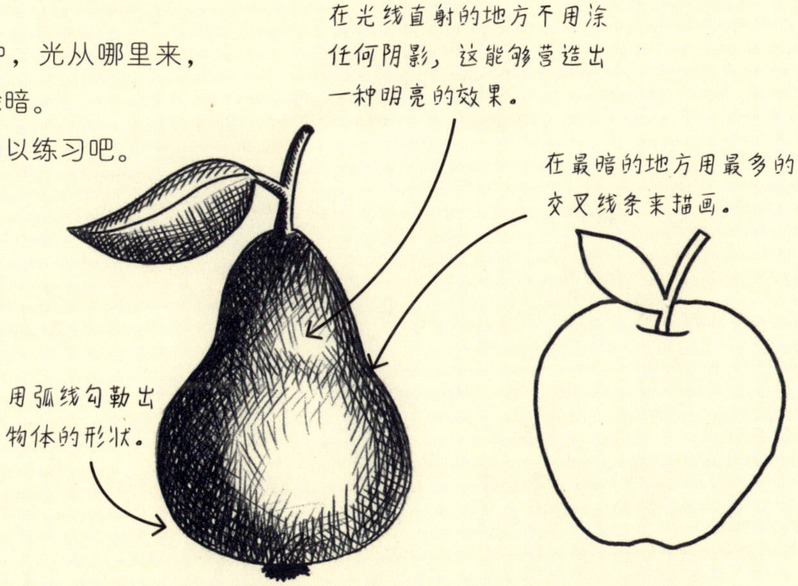

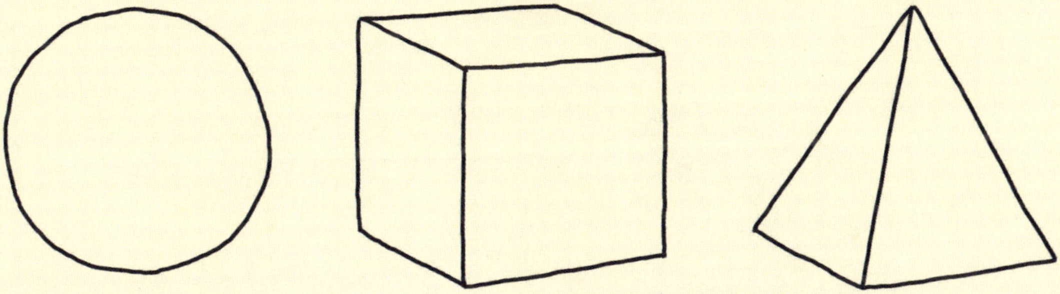

灵感发明

灵感可以源自任何地方，永远对新发现保持开放的心态吧。

机灵鬼弹弹环

机灵鬼弹弹环的发明者最初是打算找一种能固定船上的仪器的弹簧。

1943年，海军工程师理查德·詹姆斯把架子上的弹簧给撞了下来，弹簧就一直弹。于是，他和妻子把弹簧变成了一种玩具，目前这种弹簧玩具在全世界已经变化出了上百万种样式。

脆薯片

据说在1853年，厨师乔治·克拉姆在纽约萨拉托加温泉市的一家餐馆里工作，一位顾客一再要求把他点的油炸土豆退回去，理由是这些土豆不够脆。厨师克拉姆后来把土豆切得尽可能薄，用油脂炸，然后撒上盐。就这样，萨拉托加薯片诞生了，很快便声名远扬。

爆竹

据说，唐朝初年，瘟疫四起。有一个叫李畋（tián）的人，将硝石装进竹筒里点燃，使其发出巨大的声响，释放浓烈的烟雾，从而驱散了山中瘴气，制止了瘟疫的流行，这就是爆竹的雏形。后来，人们除了往竹筒里填充硝石外，还加入了硫黄和木炭，使爆竹得到了进一步发展。

便利贴

1968年，科学家斯潘塞·西尔弗博士本想发明一种黏性很大的密封剂。结果，他阴错阳差地得到了一种低黏度、可重复使用的黏合剂。1974年，他的同事阿瑟·弗赖伊用这种临时的黏合剂将书签粘在一本赞美诗上，便利贴就这样被发明出来了。今天，便利贴大多是黄色的，这纯粹是一种偶然，因为福莱在做便利贴时，实验室里能用的纸张碰巧是黄色的。

你会成为什么样的人？

完成这道测试题，发现未来你可能会成为的人。

从这里开始

当你的朋友不开心时，你会怎么做？

安慰他

逗他笑

在派对上没人跳舞，你会怎么做？

你最喜欢的书是什么类型的？

和朋友聊聊天

带头跳舞，让大家都跟着你跳

知识量大的

充满幻想的

在反对某件事情时，你的做法是什么样的？

如果你是一种动物，你希望自己是哪一种？

据理力争

想出一种折中的办法

在小组项目中，你会怎么做？

狗

猫

掌控团队

提供想法

辅助者

你会帮助别人走向成功，无论是作为医生治疗患者，还是支持和你一起长大的朋友。

领导者

你会统筹全局，领导并激励他人。你可能会领导一家公司、一个团队，甚至是整个国家！

创造者

你的想法将改变世界。你可能会创作一本畅销书，画一幅天马行空的艺术作品，或者发明一种救命药。

展望未来

灵感与你做伴，未来尽在手中！
你希望发现什么？

回首过去

回顾过去的几个月或者一年，思考你的变化和成长。这可能会让你大吃一惊！

我达成了这个目标：______

______

我是这样做到的：______

______

我尝试了这些新鲜事物：

1. ______
2. ______
3. ______

我真心为这件事情感到自豪：______

______

我克服的恐惧：______

______

我受到的鼓励：

1. ______
2. ______
3. ______

向前看

思考完你的过去，再来看看你对未来有什么新的目标？你要怎样去实现梦想呢？

明年，我计划 ______________________________

____

我要做这些事情，来实现梦想：

1 ______________________________

2 ______________________________

3 ______________________________

我希望未来，我们的星球能够 ______________________________

____

我希望未来，我的朋友能够 ______________________________

____

我梦想有一天能够 ______________________________

____

我承诺，激励人们去做：

1 ______________________________

2 ______________________________

3 ______________________________

签名：______________（你的名字）　日期：______________

获得灵感！

此时此刻，你是否想写首诗、写篇日记，或者记录自己的梦想？在本页写下你的想法和创意吧！

这里是只属于你的私人空间。写下你的梦想，这有助于它们更快地被实现。

获得灵感！

字随心动。

获得灵感！

收集名人名言，把你喜欢的句子写在这块空白的地方吧。

冒险就要趁现在……

友谊是唯一能维系世界的纽带。

——托马斯·伍德罗·威尔逊

获得灵感！

本页可用于涂鸦、素描。挥动画笔，尽情发挥你的想象力吧！

别害怕尝试新事物，就连你不小心涂抹上的印痕，也可以变得绚丽多彩。

获得灵感！

用艺术表达自我。

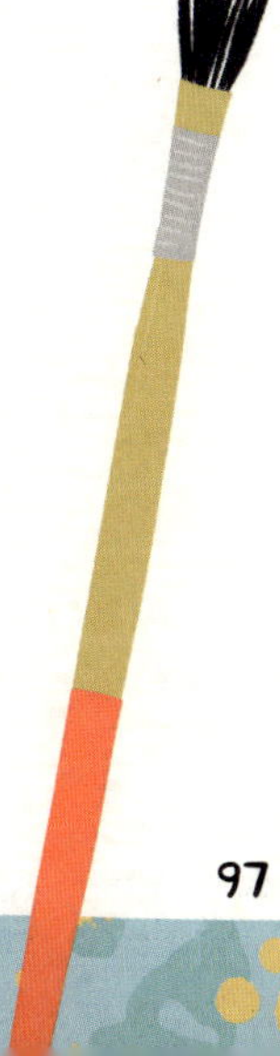

参考答案

第38~39页

猜谜语

上不怕水，下不怕火，家家厨房，都有一个。是什么？

——锅

身体细长，兄弟成双，只爱吃菜，从不喝汤。是什么？

——筷子

我年轻的时候高，年老的时候矮。我是谁？

——蜡烛

第二张图片多了什么？

第52~53页

破解密码

A. 9　B. 20　C. 120

密码是:920120

魔法九宫格

1	2	3
1	4	1
4	0	2

魔法数字6

3	4	3
3	4	3
4	2	4

魔法数字10

4	8	4
9	6	1
3	2	11

魔法数字16

盘子里有多少糖果？

1. 19　2. 37　3. 65

第72页

拼词搜索

DREAM

STAR

WISH

CREATE

DISCOVER

A	G	W	I	S	O	L	E	A	F	S	E	A	H	R
S	E	D	U	N	V	I	L	W	I	S	H	E	A	T
K	I	L	I	F	O	A	H	S	E	R	L	T	C	A
A	D	R	W	S	A	I	C	R	E	A	I	O	R	I
D	R	E	A	H	C	A	R	I	S	A	T	E	E	B
O	E	R	I	M	F	O	A	F	U	T	A	R	A	I
A	A	L	H	O	R	E	V	A	R	I	A	A	T	R
R	M	C	A	D	R	E	N	E	B	A	N	R	E	T
A	G	O	R	I	A	S	U	N	R	I	S	C	O	S